U0693886

后勤与装备管理定量分析方法

主 编　程　静　王海英　张　磊
副主编　张海滨　李　鹏

国防工业出版社
·北京·

内 容 简 介

本书分为基础篇、方法篇和应用篇。其中，基础篇介绍了后勤与装备管理定量分析方法的基础理论；方法篇介绍了后勤与装备管理定量分析方法的数学模型、实施步骤等具体方法；应用篇则结合后勤与装备管理实际，提供了相应的应用举例。

图书在版编目（CIP）数据

后勤与装备管理定量分析方法 / 程静，王海英，张磊主编；张海滨，李鹏副主编. -- 北京：国防工业出版社，2025. 2. -- ISBN 978 - 7 - 118 - 13625 - 8

Ⅰ. E144

中国国家版本馆 CIP 数据核字第 2025RF6271 号

※

*国防工业出版社*出版发行

（北京市海淀区紫竹院南路 23 号　邮政编码 100048）

北京凌奇印刷有限责任公司印刷

新华书店经售

*

开本 710×1000　1/16　插页 1　印张 11　字数 186 千字
2025 年 2 月第 1 版第 1 次印刷　印数 1—1000 册　定价 78.00 元

（本书如有印装错误，我社负责调换）

国防书店：（010）88540777　　书店传真：（010）88540776
发行业务：（010）88540717　　发行传真：（010）88540762

前　　言

　　后勤与装备管理行为具有测度难、定量难、分析难的特点，本书着眼后勤与装备管理相关专业研究生教学，根据后勤与装备管理工作精算细算需要，基于创新与探索相结合、理论与实践相结合，系统梳理了经典定量分析方法，结合后勤与装备管理场景，阐述后勤与装备管理定量数据、定量预测、定量决策、优化分析、定量评价等定量分析理论方法及实践应用，重点介绍后勤与装备管理定量分析方法的关键步骤和运用技巧等，为培养读者定量分析能力提供科学有效、指导性较强的理论支撑，为军队后勤与装备量化管理工作提供实用管用、便于操作的技术参考。为方便读者掌握书中的有关理论方法，本书分为基础篇、方法篇和应用篇。其中，基础篇介绍后勤与装备管理定量分析方法的基础理论；方法篇介绍后勤与装备管理定量分析方法的数学模型、实施步骤等具体方法；应用篇则结合后勤与装备管理实际，提供了相应的应用案例。

　　本书可作为军队后勤与装备管理等专业的研究生教材，也可作为相关专业的教学参考书，同时对于从事相关领域工作的后勤与装备指挥管理人员和技术人员也有一定的参考价值。

　　在本书编写过程中，国防大学联合勤务学院领导和机关高度重视。崔济温、陈卫平、罗传才、刘分良、胡建敏、李仁传、李晓军、杨岭、李颖、梁康、刘晶等专家给予了悉心指导，在此一并表示深深感谢！

　　由于诸多方面的原因，书中内容仍存在不少纰漏，敬请批评指正！

作者

2024 年 2 月

目录

基 础 篇

方　法　篇

应　用　篇

基　础　篇

第一章 概　　述

在军队后勤与装备工作中，要想为打仗、打胜仗提供优质、高效的保障，科学管理是关键，而科学管理就离不开定量分析，特别是随着新军事变革的深入推进以及战争形态的不断变化，以效能为核心的军事管理革命，更加呼唤定量分析在其中的应用，而后勤与装备管理问题目前也呈现越来越多的复杂性，应对这类复杂的管理问题，离不开定量分析方法的支持和辅助。因此，定量分析作为一种普适性方法，目前已逐渐应用于后勤与装备管理的各个领域、各个层面和各个环节，成为现代后勤与装备管理方法创新发展的一个重要趋势。为了更好地掌握定量分析的思想和方法，提高后勤与装备管理工作的科学化水平，必须首先对后勤与装备管理定量分析基本理论知识有一个比较充分的了解。本章主要介绍后勤与装备管理定量分析的基本概念、基本原则、一般步骤及主要内容。

第一节　后勤与装备管理定量分析的基本概念

后勤与装备管理，是指为提升后勤与装备保障能力，对后勤与装备各项工作进行的决策、计划、组织、协调和控制活动。作为军队管理的重要内容之一，后勤与装备管理平时关系到后勤与装备各项工作的高效运行，战时则影响着战争的胜负，是关系军队建设和发展全局的一项基础性工作。理解这个定义，需要把握好以下三点：一是后勤与装备管理的五大基本职能是决策、计划、组织、协调和控制；二是后勤与装备管理的方法手段是利用管理的五大职能，统筹后勤与装备人力、物力和财力等各种资源；三是后勤与装备管理的根本目的是提高后装保障效益、实现组织目标。

定量分析是管理决策的一种科学方法，它从刻画问题本质的数据和数量关系入手，建立能反映事物本质特征的量化模型，运用各种数量方法对数据进行加工处理，形成对人们有用的信息，从而获得解决问题的最佳（或满意）的方案。定量分析从数据和数量关系入手，与定性分析相比有着明显的优势，它把事物在某个范围内的物理量用数字或数值表示出来，通过反映事物的数量特征来得到对事物特性的界定，将事物用数字或数学模型予以描述、分析和处理。

后勤与装备管理定量分析是用数字（数据）和数学模型等定量方法来描述、分析和处理后勤与装备管理中的计划、组织、领导、协调和控制活动等问题，为后装管理及决策提供数量依据、工具和行动方案的一种科学方法。它涉及后勤、装备、数学、管理等多个领域，它的应用为从数理概念上认识与分析后勤与装备管理活动中各种要素之间的关系提供了认知的有效方法，为管理活动中选择最佳策略、达成最佳效果提供了方法支撑。随着新军事变革的深入推进以及战争形态的不断变化，后勤与装备管理遇到了前所未有的新情况新问题，对管理提出了更高的要求，定量分析方法可以为解决这类复杂的后勤与装备管理问题，提供更科学的理论依据和方法支撑。可以这么说，后勤与装备管理定量分析，是一种后勤与装备管理的科学方法论，它从能刻画后勤与装备管理问题本质的数据和数量关系入手，建立能反映后勤与装备管理活动本质特征的模型，运用各种数量方法对数据和模型进行加工处理，获得解决后勤与装备管理问题的最佳（或满意）的方案，形成对人们有用的信息。

后勤与装备管理定量分析在方法论、研究范式、逻辑过程、研究方式和资料获取方式等多个方面都有着区别于后勤与装备管理定性分析的明显特征。后勤与装备管理定量分析着眼于对假设、理论的实证和对现象变化的预测，而后勤与装备管理定性分析更强调对现象的理解和解释。后勤与装备管理定量分析更多地运用于演绎推理，从一般假设中推出结论，再对结论进行检验，而后勤与装备管理定性分析则强调归纳和整体把握，通过对概念的分析和释义得出结论。总之，与后勤与装备管理定性分析相比，后勤与装备管理定量分析具有以下三个基本特征。

（1）实证性。后勤与装备管理定量分析的过程和结果是可以检验的。后勤与装备管理定量分析是应用适当的数学方法对有关特定问题的数据进行分析，分析过程的每一个阶段和结果都可以明确表示出来，接受逻辑和事实的检验。实证性是后勤与装备管理定量分析区别于后勤与装备管理定性分析的最本质特征。

（2）明确性。后勤与装备管理定量分析所采用的概念都具有明确定义，一般不使用模棱两可的语言来表述，因而在一般情况下不会引起歧义，从而使分析过程和分析结果易于理解。

（3）客观性。后勤与装备管理定量分析的结果是独立于分析者的，不论是什么人，只要对相同的数据应用相同的方法都会得出相同的结果，这并不是说就剥夺了分析者的自由，出于不同的研究目的，对于相同的数据，分析者可以采用不同的方法处理，从而得出不同的结果；或者分析者对同样的数据采用不同的分析方法，得出相同或相近的结果，如果结果一致则表明分析结果的有效性。

第二节　后勤与装备管理定量分析的基本原则

面对错综复杂的后勤与装备管理问题，定量分析给我们提供了一个解决这类问题的新视角和新手段，虽然这种手段和方法具有很多的优点，但是现实问题并不都能用数据表达，有的问题只有局部可以量化，但同时也有很多方面难以量化，因此，定量分析并不是万能的。在解决实际问题时，管理者或决策者必须同时考虑定性和定量因素，既要进行定量分析，也要进行定性分析。一个具体的定量方法在解决实际问题时可能会因为应用不当而失败。因此，定量分析方法应用于后勤与装备管理实践时，应注意恪守基本原则，合理使用。

（1）重点性原则。定量分析要求严格、缜密，较之定性分析相对复杂，所需投入的成本较高。因此，其使用时要注意抓住主要矛盾和主要问题，把着重点聚焦在那些能够量化且定性分析解决不了或解决不好的后勤与装备管理问题上，不宜时时处处都搞定量。

（2）实效性原则。解决同一个问题，往往存在着许多不同的定量分析方法。这些方法有的原理可能简单一点，有的原理可能深奥一些，但从总体上讲，它们之间并没有严格的高低贵贱之分。因此，针对一个具体问题选择使用具体定量分析方法时，一定要坚持从实际需要和自身条件出发，秉持凡是能够解决问题的方法都是好方法的正确理念，不要刻意追求方法和技术的高精尖，更不能故弄玄虚，哗众取宠，把简单问题复杂化。

（3）科学性原则。对于后勤与装备管理来说，定量化只是科学化的必要条件，而不是充分条件，即没有管理的定量化，在一定意义上就没有管理的科学化；但是定量的未必一定就是科学的。因此，在后勤与装备管理中，不能认为只要有了数字、有了定量化指标或标准，并采用了一定的数学方法，这个管理就一定是科学的。

（4）集成性原则。定性分析是定量分析的前提和基础，定量分析是定性分析的补充和深化，两者如同车之双轮、鸟之两翼，相辅相成，缺一不可。因此，在后勤与装备管理中，应用定量分析方法解决问题时，要注意将其与定性方法有机结合起来，否则，有时就可能得出一些错误的结论。

没有最好的定量分析，只有最合适的定量分析。不同的用途、不同的后勤与装备管理问题，需用不同类型的定量分析方法去处理。从管理要素和管理职能两个角度综合起来去考虑，定量分析在后勤与装备管理中的用途大体有六种。

（1）用数据描述后勤与装备管理问题或现象，以加深对它们的深刻认识和理解。

（2）通过数据挖掘或建立数学模型，来反映、揭示后勤与装备管理变量与管理效果之间的相互关系，找出影响管理效果的主要因素。

（3）运用定量分析方法预测各种后勤与装备保障需求，为实现后勤与装备精确保障提供必要的参考依据。

（4）运用定量分析优选后勤与装备管理行动方案，以保证后勤与装备管理决策的正确性和有效性。

（5）运用定量分析制订后勤与装备管理计划，使各项管理工作协调有序，同时能够最大限度地节约资源。

（6）运用定量分析方法考量后勤与装备管理工作效果，对一定周期内后勤与装备管理工作做出较为科学客观的评价。

第三节　后勤与装备管理定量分析的一般步骤

后勤与装备管理定量分析作为一门科学，在解决实际问题的过程中必须遵循科学的程序，通常分为四个方面：从问题的出现到认清问题；理论或模型的建立；理论与实际问题的结合，并力图从理论方面解决问题；用理论研究的结果指导实际问题的解决，并将实际发生的情况与理论进行对比分析，对理论进行修正，如此反复不断促进理论与实践的升华。通常情况下，应用定量分析方法解决后勤与装备管理问题，一般按如下步骤进行。

第一步：明确定量分析问题。

任何管理决策问题在进行定量分析之前都必须进行定性分析：一是确定管理决策的目标，明确主要解决什么问题，评价和衡量目标的准则是什么；二是要分析和确定解决问题的关键因素，分清问题的主要和次要矛盾，分析各种因素之间存在的关系及所研究问题的外在环境因素，弄清分析解决问题的层次和结构，最终尽量用清晰、明确、可测的语言表述问题。

具体可以包括对后勤与装备管理问题性质、特点和使用定量分析的必要性与可行性分析等。由于后勤与装备管理问题往往都具有综合性，因此在这一步当中，还应对总体问题作进一步细化，明确回答"解决哪些具体问题"，并从定量的角度对这些问题进行类型判别、描述或界定。

第二步：建立定量分析模型。

模型应该是对所要解决问题的抽象概括和严格的逻辑表达，模型建立的质量在很大程度上决定了定量分析的质量和成效。模型主要反映问题中各种变量的性质和相互关系。因此，在建模时首先要确定影响后勤与装备管理问题目标的变量，并分清主次；其次，要在主要变量中区分出可控制和不可控制的变量；最后，理清各变量间的相互影响关系，并用数学表达式或关系图表示出来。一般建模时要尽量选用数学模型，即用数学语言表达这个模型。如果问题确实很难用数学语言表达清楚，也可以考虑用关系图构建问题的模型。在进行定量分析时建模主要依靠专业知识、经验和技巧，因此建立模型不仅是科学，也是艺术。

为了保证定量分析的可靠性，在条件允许的情况下，对同一后勤与装备管理具体问题，有时可根据需要同时选择 2 ~ 3 种模型方法，以供比较或综合。

第三步：获取定量分析数据。

在建立了所要解决问题的模型之后，就要通过各种途径收集变量对应的数据资料，包括后勤与装备管理问题总体的历史、现实资料和数据，以及对该问题有影响的相关因素的历史和现实数据，还包括国内外同类研究成果的数据。具体可以是对于各种后勤与装备基础指标的量化、管理标准的量化、管理环境状态的量化，以及方案、计划或管理对象优劣程度比较结果的量化和模型中其他有关参数的量化等。

收集资料获取数据的方法主要有两个：一个是想方设法寻找现成资料，如查阅相关文献，购买和交换资料等方式；另一个是实地调查研究，收集第一手资料，如问卷法、观察法和实验法等。不管通过什么方式收集资料，都要确保资料的准确性、真实性和完整性，只有这样的数据才是有价值和意义的。对于收集到的各种数据要进行分析、加工和整理，以去伪存真，保证数据质量。

第四步：定量分析模型求解。

建立模型后，接下来要做的是根据收集到的数据和已经量化的要素与参数，利用已经确定的定量分析模型，确定合适的求解模型的方法。对于一些解法成熟的模型可以直接应用相应的方法求解，而对于一些没有现成解法的模型首先必须研究模型的求解方法，这是一项研究性、创造性的工作。将实际数据代入模型，求出的解只能说明它是数学意义下的解，即模型解。模型解通常并不仅仅是一个确定参数下的结果，还应该包括参数在多大幅度内变化不会对解产生影响，解的稳定性如何等灵敏度分析。

第五步：定量分析结论调整。

无论是后勤与装备管理预测、管理决策和优化，还是管理评价，利用定量分析得到的结论，都不可能与实际结果完全相符，难免要产生一定的偏差。因此，每次得到定量分析的结论之后，都应对其加以分析、评价和检验，必要时，也可对其进行修正或调整。

为了证明模型求解得到结果是实际问题的解，必须进行进一步的检验和验证。对模型解的检验和验证主要有两种方法：期待性检验和回顾性检验。期待性检验是指将模型解的结果与正在发生和即将发生的事实进行比较，也就是说在未来的实践中不断地进行观察和反馈，从而检验模型和它的解的方法。回顾性检验是指将历史的资料输入模型，研究得到的解与历史事实的相符情况，以判断模型和解是否正确。不管是进行期待性检验，还是进行回顾性检验，当发现所得的模型解与实际情况不相吻合时，就要对前面所有的工作进行分析，寻找出这种误差或差错的原因，并立即进行修正。

在实际应用定量分析时，上述步骤往往是交叉反复进行的。整个定量分析的过程最重要的是建立一个用以描述现实世界复杂问题的数学模型，这个模型虽然是对现实的近似，但它必须能精确到足以反映问题的本质，又粗略到足以求出数量上的解。因此，只有深刻领会了上述过程的实质，才能真正理解把握定量分析的思想和逻辑，进而掌握定量分析问题的科学方法和艺术。

第四节　后勤与装备管理定量分析的应用范围

辩证地看，定量分析有其固有优势，也有其先天不足（如使用条件的严格性、计算过程的复杂性等），由此决定了其应用范围不是无限的，而是有限的。

就后勤与装备管理工作而言，确定定量分析的应用范围，既要考虑必要性，又要考虑可行性，即定量分析在后勤与装备管理的哪些范围内应该使用并且能够使用。

（1）从后勤与装备管理层次看。定量分析适合在后装微观管理中多用，而在宏观管理中应该少用。一个原因是宏观管理综合性强、复杂度高、不确定性因素多，量化起来相对比较困难；另一个是互斥性原理认为，高复杂性与高精确性之间往往是互相排斥的。即对于类似宏观管理这样一些高度复杂的事物，如果强行把它量化、刻意去追求精确，结果反而越不精确，或效果不好。

（2）从后勤与装备管理对象看。后勤与装备管理对象主要包括人、财、物三大类。财和物是相对属于静态的，通常存在着较强的规律性，量化相对比较容易，因此，对财和物的管理，定量分析适合多用；而人则是其中最能动、最复杂的管理对象，如人的道德品质、政治觉悟、工作作风、战斗精神，以及事业心、责任心等均难以真正科学量化。因此，对于人的管理，定量分析应该少用或慎用。

（3）从后勤与装备管理过程看。预测、决策、计划、控制等环节尽量多用，而组织、协调等其他环节应该少用。因为相对管理的其他几个环节，组织和协调，无论是个性化程度，还是在灵活性、艺术性等方面都要更高一些，量化起来同样比较困难或者效果不好。

当然，上述各个视角下的"多"和"少"，都只是相对的而不是绝对的，即多用不等于滥用，少用不等于不用。解决后勤与装备管理领域的各类问题大多需要定量分析提供定量依据，尤其是随着军事理论和信息技术的发展，后勤与装备管理定量分析将发挥越来越重要的作用。

第五节　后勤与装备管理定量分析的主要内容

管理定量分析的主要理论基础是数理统计、系统工程、运筹学与管理学等学科。数理统计主要用量化方法研究具有大样本的随机现象；系统工程强调用系统的观点对整个系统进行规划、研究、设计等，主要的方法是建模、分析、预测、决策、评价等；运筹学强调以量化为基础的最优决策；管理学强调为了达到有效管理的目的，必须合理使用人力、物力和财力资源。因此，本书的主要内容也紧紧围绕后勤与装备管理定量分析，一方面考虑到管理的实用性，另一方面也考虑到定量分析技术的应用性，并根据现实后勤与装备管理过程中的一般步骤和思路来进行安排，主要内容涵盖后勤与装备管理定量数据、后勤与装备管理定量预测方法、后勤与装备管理定量决策方法、后勤与装备管理优化分析方法、后勤与装备管理定量评价方法等。

（1）后勤与装备管理定量数据。"巧妇难为无米之炊"，管理水平的提升，离不开管理数据，其中，数据的采集与分析是后勤与装备管理最基础、最重要的工作。后勤与装备管理数据有直接来源和间接来源。直接来源依靠统计调查获取数据；间接来源主要是二手资料。后勤与装备管理工作中还有很多是没有现成的数据源可以通过统计调查获得的，只能进行专业统计实验去获取相应的数据资料。获取了后勤与装备管理定量分析所需要的数据之后，还需要对数据进行整理、汇总、描述，进而通过数据分析来挖掘隐藏在数据背后的后勤与装备保障规律。本书主要围绕后勤与装备管理，介绍数据采集、数据整理、数据描述分析等。

（2）后勤与装备管理定量预测。对于后勤与装备管理，预测是其中的一项先期工作，制定规划、进行决策等活动都要在预测的基础上进行。在一定意义上，没有准确的预测，就没有科学的决策，没有科学的决策，也就谈不上科学的后勤与装备管理。预测是根据以往的历史资料，通过分析和推理，对事物未来的发展状态、结果等做出科学的判断和预见。其实质是由已知推断未知、由局部推断总体、由偶然推断必然、由历史和现实推断未来。本书主要围绕后勤与装备管理，介绍定量预测分析基础理论、移动平均预测、趋势外推预测、相关与回归分析预测等。

（3）后勤与装备管理定量决策。现代战争中后勤与装备保障面临的问题常常复杂多变，这就凸显了决策在其中的重要地位。从广义上讲，日常生活中所进行的各种选择，或是社会实践活动中所作出的重大抉择，都属于决策的范畴。然而，许多决策问题受到不确定性因素的影响，需要通过定量方法进行科学分析，以利于作出正确的抉择。后勤与装备管理定量决策，就是用定量方法分析在各种条件下不同的决策行动的合理性，以及在多种可能方案中选择最佳方案的过程，其研究重点不是那些无关紧要的日常行为选择，而是专门针对后勤与装备管理中的重要抉择，其最终目的在于提高决策的质量和效率。本书主要围绕后勤与装备管理，介绍决策基础理论及常用的定量决策分析方法，包括确定型决策、风险型决策、不确定型决策和层次分析法。

（4）后勤与装备管理优化分析。后勤与装备管理决策中存在着大量的优化分析活动，其目的是使决策过程更加科学，并使所作出的决策最大限度地满足决策者的需求。优化分析是指在给定的约束条件下寻求问题的最优解或满意解的一种思想方法，是针对确定目标制定和选择方案、方案的实施和验证等决策全过程的优化和分析。系统论、控制论、信息论、预测科学和计算机等先进科学技术的发展，为决策者适应决策目标多、决策结果准、决策过程快的客观要求提供了许多新的科学方法和工具。本书主要围绕后勤与装备管理，介绍优化分析基础理论，利用定量分析方法解决几种常见的优化问题，包括资源优化分析、路径优化分析、网络计划分析和工作排序优化等。

（5）后勤与装备管理定量评价。管理理论认为，评价是组织提升绩效的一个重要动力来源，所以世界上任何国家和军队等公共组织都把评价作为管理的一个核心工具。事实上，我军后勤与装备管理也早已把评价作为一个重要抓手，在各个领域普遍使用和广泛开展。评价是指根据明确的目的来测定对象系统的属性，并将这种属性变为客观定量的数值或主观效用值的一种方法，即对人或事物的价值做出评定和判断的过程。后勤与装备管理定量评价应事先设定评价目标，确定相应的评价标准，构建合理的评价指标体系，并选择科学的定量评价方法进行综合评价，它是后勤与装备管理活动中的一个关键环节，也是对后勤与装备管理活动进行科学管理与决策的重要基础。本书主要围绕后勤与装备管理，介绍评价基础理论、评价指标体系的构建，以及常用的几种定量评价分析方法，包括适用于定量指标多的问题的加权平均评价法、基于模糊数学的模糊综合评价法。

第二章　后勤与装备管理数据基础理论

目前，数字时代已经开启，军队数字化转型已成为时代主题，推进军队数字化转型，必须深刻认识数据建设的时代内涵。俗话说，"巧妇难为无米之炊"，随着信息时代大数据、云计算、人工智能等科技手段的蓬勃发展，后勤与装备管理水平的提升越来越依赖数据的采集与分析。后勤与装备管理领域的数据采集工作涉及各专业领域，种类繁多，数据量大，科学运用统计方法和手段采集有效数据，并选择正确的统计分析方法进行分析，对于挖掘寻找出后勤与装备保障变化的规律性、解决后勤与装备需求迷雾问题、提高后勤与装备管理效能，具有十分重要的意义。

第一节　后勤与装备管理数据采集

我军体制改革重塑后，后勤与装备管理领域亟须通过数字化转型带动作战和业务流程的重塑发展，缩短与强敌之间的数字差距。设计后勤与装备管理数据采集架构，应从顶层设计的高度，围绕我军数字化建设，聚焦作战，采集后勤与装备管理领域急用先建的数据资源。

一、后勤与装备管理数据来源

后勤与装备管理数据有两种来源。一种是直接来源，即根据后勤与装备管理研究的目的和要求，直接统计后勤与装备所属调查单位的有关标志，并有计划、系统科学地对各个调查单位的标志进行登记，取得真实可靠的原始资料，这些原始资料也称为初级资料、第一手资料。管理数据的另一种来源是间接来源，间接来源指的是二手资料，主要是指以前获得的调查资料经过汇总整理以后形成的有关文件中的数据以及公开出版、公开报道的有关数据或未公开但内部认可使用的专业统计数据，也有的是尚未公开的和尚未汇总整理的有关数据。

国家的二手统计数据主要来源于国家统计局出版的各种统计年鉴等，也可来源于各类经济信息中心、信息咨询机构、专业调查机构等提供的数据。而军队是一个特殊的武装团体，很多数据资料都涉及军事机密，所以后勤与装备的二手统计数据主要来源于各专业出版的各种专业统计资料汇编、统计年鉴、工作报告等，也可来源于相关单位提供的数据、各专业期刊所提供的资料，以及各种会议和专业性、学术性研讨会上交流的有关资料等。

有关后勤与装备数据的二手资料收集相对一手资料容易，采集成本低，所以后勤与装备管理定量分析研究利用二手资料对使用者来说既方便、又经济，但要注意二手数据的特点，要分析数据是部队哪一单位收集的？为什么目的而收集的？具体的后勤与装备数据是怎样收集的？什么时候收集的？要对相应的二手资料进行可信度评估，在具体的后勤与装备管理定量分析中应避免乱用。

后勤与装备数据的二手资料实际上也是他人根据后勤与装备管理研究的目的，直接对调查单位进行了科学的统计与调查，取得真实可靠的原始资料后，对相应的统计数据进行加工整理，使得调查资料由个体过渡到总体，并能够在一定程度上说明总体现象。因此，后勤与装备管理数据采集最根本的是指初级资料的搜集，也就是数据的直接来源。后勤与装备数据的直接来源大致有两种方式：一种是后勤与装备管理统计调查，另一种是后勤与装备管理统计实验。

二、后勤与装备管理统计调查

后勤与装备管理统计调查是根据后勤与装备管理量化研究的目的和要求，采用科学的调查方法，有组织、有计划地搜集被研究对象的原始资料的工作过程。

（一）后勤与装备统计调查的特点

（1）后勤与装备统计调查强调目的性，是一种主动行为。后勤与装备统计调查是根据后勤与装备管理工作的需要以及定量分析所要达到的目的来进行的，而调查目的是整个后勤与装备管理调查活动的指导思想，调查的一切活动都围绕着调查目的而展开，只有确定了调查目的以后，才能确定后勤与装备调查所包括的内容和范围，运用具体的调查方法进行调查。后勤与装备调查目的要明确、具体，使参加调查的所有人员都清楚所进行调查的意义和要求。就像全国人口普查的目的是："查清我国人口数字，查清我国人口的地区分布和社会经济结构情况，为统筹安排人民的物质和文化生活，制定人口政策和规划提供可靠的资料。"

（2）后勤与装备统计调查注重亲历性，是一种直接行为。为了揭示事物发展的具体规律，后勤与装备统计调查注重实事求是，真实是后勤与装备统计调查的生命。我军在战争年代就十分重视调查数据资料的真实性。1947年8月26日，刘伯承率领第二野战军挺进大别山，有7个旅开到淮河渡口准备过河。这时敌人的7个师和1个骑兵旅尾追过来，情况十分紧急。有位旅政委向刘伯承报告说：旅长和参谋长调查了很多老乡，都说淮河正在涨水，水深流急，不能徒涉。刘伯承反复问：你们亲自去侦察过吗？天快黎明时，刘伯承赶到河边，并亲自进行现地考察，拿一根长竹竿，亲自坐小船到河中去现地调查，发现河水并没有别人说的那么深，流速也缓，当即命令部队从上游徒涉过河。就在我军全部过河后，敌军也尾追到河边，这时淮河上游洪峰滚滚而下，敌人只好隔河相望。

后勤与装备统计调查必须如实地反映事物的真实情况，而调查的真实性又取决于调查资料和调查数据的准确无误，所以要扎扎实实地搞好后勤与装备统计调查，调查者必须亲自观察，后勤与装备各专业要建立健全后勤与装备专业原始调查记录，把调查数据资料建立在准确可靠的基础之上。

（3）后勤与装备统计调查具有系统性，是一种系统行为。后勤与装备统计调查是由调查主体、调查对象以及调查项目等构成的一个系统，围绕着后勤与装备管理的调查目的，调查主体采用科学的调查方法展开调查，谁调查、调查谁、调查什么、为什么调查，以及怎么调查构成了一种系统行为，所以有人这样形容后勤与装备统计调查：调查就像"十月怀胎"，解决问题就像"一朝分娩"。不经历"十月怀胎"，问题是不可能很好地解决的。

（二）后勤与装备统计调查的种类

后勤与装备统计调查的分类方式有很多，按调查周期可以分为定期调查与一次性调查；按调查范围可以分为全面调查与非全面调查；按调查目的可以分为情况调查、问题调查、民意调查等。这里重点介绍全面调查与非全面调查。

全面调查是对研究总体的所有单位进行调查，以获得有关总体的后勤全面资料。全面调查在组织形式上主要有普查、全面统计报表制度。

普查是专门组织的一次性全面调查，一般用来搜集总体在一定时点上的统计资料，也可用来搜集总体在一段时间内的统计资料。

普查所搜集的统计资料一般是比较全面和细致的，能为国家和军队掌握有关基本情况、制定发展规划和方针政策提供依据。普查通常是一次性或周期性的，普查需要规定统一的标准调查时间，数据的规范化程度较高，但是应用范围比较狭窄。比如全国的人口普查从 1953—2000 年共进行了 5 次：1953 年 7 月 1 日零时全国总人口为 6.2 亿；1964 年 7 月 1 日零时全国总人口为 7.2 亿；1982 年 7 月 1 日零时全国总人口为 10.3 亿；1990 年 7 月 1 日零时全国总人口为 11.6 亿；2000 年 11 月 1 日零时全国总人口为 12.95 亿；2010 年 11 月 1 日零时全国总人口为 13.7 亿；2020 年 11 月 1 日零时全国总人口为 13.70 亿。今后，我国的普查将更加规范化、制度化，每逢末位数字为"0"的年份进行人口普查。

表 2-1 和表 2-2 分别列出了中国人民解放军现役军人主要数据及文化程度的构成。

表 2-1 中国人民解放军现役军人主要数据

年龄	合计	男	女
总计	×××××	×××××	×××××
18 岁以下	××××	××××	××××
18 岁	××××	××××	××××
19 岁	××××	××××	××××
20 岁	××××	××××	××××
…	…	…	…
60 岁及以上	××××	××××	××××

表 2-2 中国人民解放军现役军人的文化程度构成

文化程度	合计	在校	毕业
总计	×××××	×××××	×××××
研究生	××××	××××	××××
大学本科	××××	××××	××××
大学专科	××××	××××	××××
中专	××××	××××	××××

文化程度	合计	在校	毕业
高中	××××		××××
初中	××××		××××
小学	××××		××××

为了向国家和军队提供有关后勤与装备管理的详细数据资料，为国家和军队掌握有关基本情况、制定发展规划和方针政策提供依据，我军也进行过相应的多种内容的普查。比如全军后勤与装备的普查、全军固定资产普查等。我军后勤与装备发展的长远规划以及相应的法规政策的制订正是借助了这些专业普查所获得的详细资料。

后勤与装备统计报表是我军搜集后勤与装备统计资料的一种主要方式方法，同时也是后勤与装备统计工作的一项基本内容。后勤与装备统计报表的主要内容是根据国家或军队的需要，并按照有关法规规定，自上而下地统一布置，然后自下而上地逐级提供基本后勤与装备统计资料的一种统计调查。后勤与装备统计报表要以一定的原始记录为基础，按照统一的表式、统一的指标、统一的报送时间和报送程序进行填报。按调查范围不同，后勤与装备统计报表分为全面的和非全面的。全面的后勤与装备统计报表要求调查对象的每一个单位都填报。

全面后勤与装备统计报表是后勤与装备科学管理数据采集的一种重要方式，但是目前实际工作中存在报表重复、统计口径不一致，各单位重复报表等问题，所以应该统一规范各种后勤与装备统计报表的格式、要求等，并尽量减少各类报表，提高后勤与装备统计调查的效率。

非全面调查是对研究中某一部分进行调查。某一部分不同，调查方式就不同。

重点调查是选择调查对象中部分重点单位进行的一种非全面调查。所谓重点单位，是指这一部分单位在全军单位中只占一部分，其主要标志总量在全军的有关标志总量中的比重占大部分或绝大部分，因而调查这些重点单位具有一定的代表性。

典型调查是在对全军调查对象初步分析的基础上，有意识地选择若干具有代表性的军队单位进行调查研究的方法。

抽样调查是科学研究和现代管理决策的一种重要调查方法，它通过从所研究总体中抽出的样本对总体数量特征作出推断，是一种既节省人力、财力、物力，又能保证一定可靠性的科学方法。市场经济条件下，后勤与装备数据的获取经常需要进行抽样调查。抽样调查是按照随机原则从总体中抽取少量的单位作为样本进行统计观察，并用样本指标数值来推断总体参数的一种非全面调查。随机原则是指调查不受主观影响，每个总体单位被抽到的概率相等。抽样调查能完成其他调查方法无法完成的任务。比如，进行破坏性或损耗性的后勤与装备物资质量检验。需要强调的是抽样调查的目的是推论总体。比如，通过对某种军用食品质量的抽检而确定这种食品的质量。为了把握全军部队饮食卫生安全状况，全军每年都对军用食品进行抽检，通过抽检检出不合格样品，并对饮食服务问题单位进行通报处罚，较好地保证了部队饮食卫生安全。

抽样调查的具体形式多种多样，分为简单随机抽样、分层随机抽样、系统随机抽样、整群抽样与多阶段抽样等，具体进行后勤与装备专业的抽样调查时经常是综合运用多种形式。

（三）后勤与装备统计调查的要求

后勤与装备统计调查在后勤与装备管理定量分析中处于基础阶段，它是决定整个后勤与装备管理定量研究与分析工作质量的重要环节。如果后勤与装备统计调查搞得不好，采集到的数据不准确或残缺不全，那么根据这些数据进行整理和分析的结果，就不能如实反映客观事物的真相，不能反映出后勤与装备工作的特定规律，甚至还会得出相反的结论，影响后勤与装备保障效果。因此，后勤与装备统计调查对于整个后勤与装备管理工作具有十分重要的作用。历史经验证明，凡是想要正确地掌握军队后勤与装备发展政策，做好后勤与装备保障各专业工作，必须重视后勤与装备统计调查研究的基本要求。

后勤与装备统计调查必须达到以下两个基本要求。

（1）准确性。这是后勤与装备统计调查的生命，只有情况熟悉明了，才能下定决心，并找出解决问题的好方法。社会的进步和科学技术的发展以及我国、我军相应的法规制度为后勤与装备统计调查获得准确的统计数据创造了极为有利的条件，使得后勤与装备统计调查的准确性要求成为可能。但是，由于各种矛盾的存在以及各种利益的驱使，保证后勤与装备管理数据的准确性仍然是当前不能忽视的问题。造成后勤与装备管理数据不准确有主观方面的原因，也有客观方面的原因。比如采集数据的工作人员责任心不强，对后勤与装备业务工作不熟悉，对相应的后勤与装备统计方法所需要的基本知识缺乏了解等；同时也存在有的单位和个人故意弄虚作假，虚报瞒报，违反统计法规制度编造统计数据等问题；当然也存在因为后勤与装备统计制度不健全，使得后勤与装备统计调查不连续，缺少原始记录等问题。为了使后勤与装备管理数据准确无误，各单位领导必须提高认识。后勤与装备统计数字准确与否，关系到相关政策的制定和后勤计划的安排，以多报少或以少报多，造成后勤与装备管理数据不准确，后勤与装备管理定量分析就会得出错误的结论，就会影响管理决策的科学性，其后果是非常严重的。因此，必须建立健全必要的统计规章制度和原始记录，对采集数据的工作人员加强相关职能培训，提高思想认识，确保后勤与装备统计调查的准确性。

（2）及时性。后勤与装备统计调查所获得的资料都是为了实现后勤与装备管理定量分析研究的目的，因此后勤与装备统计资料的获取必须及时，这样才能在有效的时间内实现后勤与装备管理定量分析研究所要达到的目的，为军队各级领导和上级科学决策提供及时有效的服务。后勤与装备统计调查是一项系统工作，每一项后勤与装备统计任务的完成往往都需要很多单位的共同努力，任何一个单位的后勤与装备统计资料上报不及时，都会影响整个后勤与装备管理数据的汇总，贻误分析研究问题的最佳时机，而提供过时失效的后勤与装备统计资料，更会使得整个后勤与装备统计调查工作失去意义。特别是一些后勤与装备统计调查时效性很强，时间要求十分迫切。比如应对灾情统计等突发事件的后勤与装备统计调查，就一刻也不能耽误。因此，为了保证后勤与装备统计调查及时性要求的实现，负责数据采集汇总的统计工作人员要增强全局观念，在平时就要对后勤数据采集工作一丝不苟，切实遵守统计法规制度，注意按规定时间报送后勤与装备统计资料，保证后勤与装备统计调查资料的时效性，及时有效地获取后勤与装备管理定量研究所需要的数据资料。

印度的萨林准将在《军事后勤》一书中提出：当具备精确、及时的数据时，"后勤"这一术语范围之内的许多因素都能大大改善对战斗部队的服务。为了准确及时地获取后勤与装备管理定量分析所需要的各种数据，要求数据采集人员端正工作态度，培养实事求是的工作作风，经常学习科学的调查方法，实现准确有效的后勤与装备统计调查。

三、后勤与装备管理统计实验

后勤与装备工作中进行管理定量分析研究并不是所有的数据资料都可以通过后勤与装备统计调查获得，我们研究的很多问题经常存在没有现成的数据源可以依靠统计调查获得，而只能进行后勤与装备的专业统计实验去获取相应的数据资料。

后勤与装备管理的统计实验是从观察和为得到新数据而设计的实验性研究中获取信息。同统计调查的基本要求一样，统计实验也要力求获取准确的数据资料以便为后勤与装备科学决策提供服务。为了保证统计实验能够获取准确有效的信息数据，提高实验结果的可靠性，后勤与装备统计实验必须遵循以下原则。

（1）对照原则。统计实验要遵循对照原则。所谓对照，就是要设立参照物，没有对比就无法鉴别优劣。有比较才有鉴别，对照是比较的基础。

（2）随机原则。统计实验要遵循随机原则，即随机抽样、随机化分配。每一个实验单位都有同等的机会被分配到任何一个组去，分组的结果不受人为因素的干扰和影响。在统计学研究中有许多实现随机化的具体方法，应当严格实施，千万不可用"随便"取代随机。

（3）齐同原则。所有影响实验结果的条件都称为影响因素，统计实验有很多影响因素。研究者希望通过有计划的安排，能够科学地考察实验所做的处理因素作用的大小，并使实验的非处理因素尽可能相对固定。

（4）重复原则。大量观察，重复实验是我们研究后勤与装备问题的一种重要方法。重复就是实验要有足够的样本容量。研究后勤与装备领域随机现象的变化规律性，重复次数少，内在规律表现不出来。

（5）双盲原则。"双盲"就是在实验中，不论是受试对象，还是与受试对象有互动的人，都不知道哪位受试对象接受了哪种处理。直到研究结束，只有该研究的实验设计人员知道全部情况。

第二节　后勤与装备管理数据整理

通过统计调查和统计实验获取了后勤与装备管理定量分析所需要的数据，这仅仅是做完了后勤与装备管理定量分析的基础工作。要从这些错综复杂的后勤与装备保障数据背后找出隐藏其中的规律并非轻而易举。首先需要对数据进行整理，然后将记录的分散的、零碎的、不系统的、孤立的各种数据进行汇总，进而通过数据分析来挖掘隐藏在数据背后的后勤与装备保障规律。在进行数据分析之前，首先要对采集到的数据进行审核汇总等相应的数据整理。

一、后勤与装备管理数据的审核

后勤与装备调查数据的审核处理是根据后勤与装备调查的研究目的和任务，运用科学的方法，对原始调查数据进行审核、编码、录入，并查缺补漏，按一定的标准对收集到的数据进行归类整理的过程。实际工作中，我们采集到的后勤与装备数据大多是无序的、零散的、不系统的，可能分散在多个文件或报表中，而且有些数据可能不需要，也可能存在模糊不清的情况需要核实清楚。有些数据会有一些错误甚至还会有一些漏填漏登的数据资料，更需要通过审核来补齐缺失数据。所以在进行统计分析之前进行有效的数据处理实际上是对后勤与装备调查资料的全面检查，是对后勤与装备调查数据查缺补漏、去伪存真、全面了解数据质量的过程。经过对数据的核实处理，剔除其中不真实的部分，再进行分组汇总或列表，从而使原始资料简单化、形象化、系统化，保证了数据的质量，提高了后勤与装备数据的长期保存价值，并能初步反映出有关数据的分布特征。

后勤与装备管理数据整理一般按照审核、分类、编码的程序来进行。数据审核是整理原始数据前最基础的工作。对原始数据进行审核，可以消除原始数据中含糊不清和可能错误的地方。数据经过审核以后就可以对数据进行分类。数据分类是统计定量分析一种最常用最有效的分析方法，分类是将总体中各单位按某种标志分为若干组的一种统计方法，通过分类可以揭示事物的一些发展规律以及事物内部的结构，找出数据的分布规律。定量分析揭示的是大量数据背后的规律，数据处理繁杂，数据信息处理的现代化为我们提供了研究数据、处理数据、挖掘数据规律的先进手段。为了利用计算机等先进定量分析软件对资料进行分析，并用来说明一定的问题，在对资料进行分类时一般采用数码来代表某一类别，又称代码，这样便于计算机识别分析。数据编码就是将每一类别编上一个号码，这样既便于分类又便于汇总，适合计算机处理。比如我国人口普查时，对全国就业人员的行业分类就采用编码的方法。全国共分为 10 个大部门，再分为 55 个分支部门。每个分支部门都有一个代码，比如"09"为橡胶加工工业，"21"为纺织工业等。军队后勤与装备统计对数据进行采集整理可以借鉴，这一点外军后勤与装备就搞得很好。

需要强调的是，现在的后勤与装备数据分析通常是借助于计算机来完成的，所以数据审核完成以后的一项很重要的工作就是数据编码，数据的编码是把后勤与装备调查资料输入到计算机，对于数字信息直接定义变量录入即可，而对于文字信息则必须转换为数字形式，然后录入。常用的数据分析软件SPSS可以轻松实现对数据的编码，快速将后勤与装备调查数据输入到计算机，并实现对数据的排序分组，使得数据分类汇总更加简单有效。

二、后勤与装备管理数据的整理

后勤与装备管理数据整理，正是根据后勤与装备统计工作的任务，将后勤与装备统计调查所获得的统计数字资料进行科学的加工整理，使之条理化、系统化，成为能够更好地反映总体数量特征及变化规律的数列，实现原始数据从个别单位的标志表现向总体综合指标的过渡。

后勤与装备管理数据整理一般是根据后勤与装备统计量化管理研究的任务和要求选择整理的指标，并根据分析研究的需要确定具体的分组，便于后期对后勤与装备管理数据进行相应的分析汇总计算，并通过后勤与装备统计表或统计分析报告来反映数据汇总的结果。

（一）后勤与装备管理数据集

为便于研究，将用于特定研究而采集的数据结集在一起，称为数据集。数据集的构成有三个要素，分别是元素、变量和观测值。元素是作为数据来源的原有实物体；变量是元素中我们所感兴趣的那些特征；观测值则是从某一特定元素所获取的度量值。

（二）后勤与装备管理定性和定量数据

后勤与装备管理数据与所有其他数据一样，可以划分为两种类型，即定性数据与定量数据。

定性数据又称质量型数据，指用来确认每一元素属性的标签或名称，可以是非数字型的也可以是数字型的。比如人的性别分为男、女，军人的职级以及单位性质等都是定性的数据。

定量数据又称为数量型数据，是数字型取值的，表示大小和多少，比如军人的工资、战士的年龄等。合适的统计方法的选择取决于数据变量是定性的还

21

是定量的。如果数据变量是定性的，我们所能进行的统计分析是极其有限的，只能概括出定性数据的特征或计算出定性数据在其中的比例；而对定量数据进行算术运算，却经常能得出有意义的结果。而且一般情况下，当数据是定量时，有更多的统计分析方法可以选择。需要注意的是用数字表示的数据就不一定是定量数据，比如如果定性数据是以数字代码表示的，对其进行算术运算没有任何意义。

（三）后勤与装备管理截面数据和时间序列数据

截面数据是指在同一时点或近似同一时点上收集到的数据。比如 2021 年 12 月 31 日各单位的人员数据，是静止在这一时点的数据；时间序列数据是指在一系列时间段所采集的数据。它能够反映数据的一系列动态发展变化规律，比如 1949 年以来战士经费的时间序列数据。所以，截面数据是横向数据，而时间序列数据则是纵向动态数据。

（四）后勤与装备管理数据分组

统计数据的分组实际上就是将总体中各个单位按某种标志划分为若干档次的一种统计方法，习惯上称为统计数据分组。统计分组的关键在于分组标志的选择和各组界限的确定。要选择具有本质性的标志作为分组标志，突出总体在此标志下的性质差异，显示总体的基本特征。统计分组又有简单分组和复合分组。简单分组是按一个分组标志进行的分组，它只能从一个方面说明和反映事物的分布状况内部结构。同时按两个或两个以上标志进行的分组称为复合分组。例如，要了解后勤干部的基本情况，选择年龄分组的同时还会选择按文化程度等标志进行分组。

第三节　后勤与装备管理数据描述

数据放在数据库里永远是数据。要充分利用这些数据，挖掘出数据背后的后勤保障规律来，必须借助于科学的数据分析方法来对后勤数据进行分析。

一、后勤与装备管理数据的图形描述

使用条形图、散点图、时间序列图、直方图、帕累托图、饼图等，整理概括采集到的后勤数据以便看出数据间的有用关系。直观的图表使我们更容易发现数据背后的规律，也是作量化分析报告的主要方式，不同的场合应该选用不同的图表类型，SPSS 软件能够轻松绘制出专业又美观的图表。SPSS 常用的图表有以下几种。

（1）简单条形图。条形图是用相同的条形高度或者长度来表示频数分布变化的图形。它的横轴表示分类变量，纵轴表示各分类变量的大小或百分比，如图 2 – 1 所示。

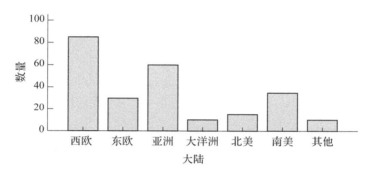

图 2 – 1　简单条形图

（2）散点图。同时研究两个数值随机变量的取值，在图上标出所有数对（X_i, Y_i），如图 2 – 2 所示。

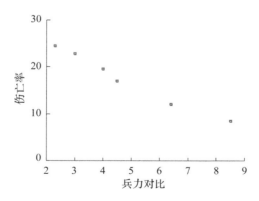

图 2 – 2　兵力对比与伤亡率散点图

（3）时间序列图：表示图示一列数值数据如何随时间变化，如图 2 – 3 所示。

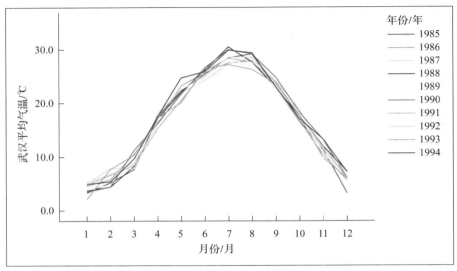

图 2 – 3　平均气温线图（彩图见插页）

（4）直方图。图示一列数值数据的频数分布状况，如图 2 – 4 所示。

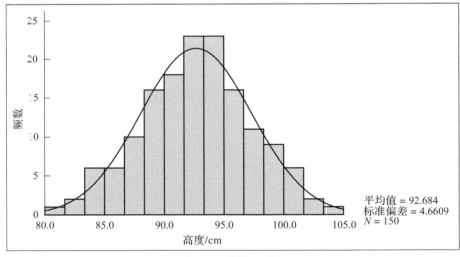

图 2 – 4　频率直方图

（5）帕累托图。又称为排列图或主次因素图，是在提高质量管理活动中选择关键问题的一种工具。它对分类轴上的每一种类型的变量产生一条图，并按各种因素发生次数的多少，从左到右顺序排列，帕累托曲线对分类轴上的每个变量值进行累加，如图 2 – 5 所示。

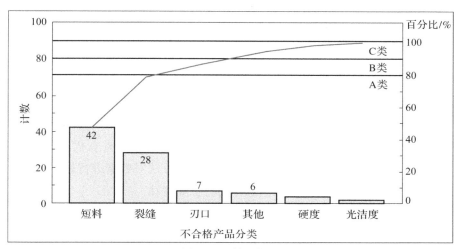

图2－5 帕累托图

（6）饼图。用圆表示一列数值数据的频数分布状况，如图2－6所示。

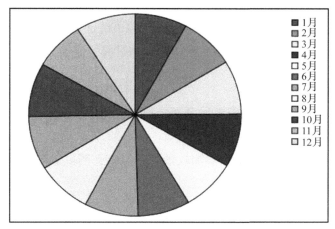

图2－6 饼图（彩图见插页）

二、后勤与装备管理数据的统计描述

统计描述，常指对收集到的有关数据资料进行整理归类并进行解释的过程。对采集到的后勤资料，凡是以数据形式呈现，需要与数字打交道的，量化分析便必不可少。如果不对后勤调查搜集到的数据进行科学有效的分析，就不能挖掘出隐藏在数据背后的规律。因此，将数据资料经过审核编码和汇总整理后，进而进行简单的数据分析和科学推断才能充分利用数据并最大程度地发挥数据的作用。对数据进行量化分析是指在整理数据的基础上，通过统计分析运算，得出结论的过程，它是量化分析的核心和关键。对后勤数据进行量化分析常与后勤各个专业调查所得到的结果相联系，能够为各专业后勤工作的科学决策提供帮助，是后勤量化管理的有效方法之一。

对数据进行分析通常可分为两个层次：第一个层次是用描述统计分析的方法计算出反映数据集中趋势、离散程度和频数分布的具有外在代表性的指标；第二个层次是在描述统计基础上，用推断统计的方法对数据进行处理，以样本信息推断总体情况，并分析和推测总体的特征和规律。

数据分析帮助学会用手中的少量数据，对重大问题作出明确的决策。

1. 对数据的简单描述分析

数据的分布趋势形态是从宏观上掌握事物发展规律的重要工具。在数据描述分析过程中，首先应对收集到的大量观测数据的特征进行描述。描述数据，常用的统计量有平均数、方差和标准差等。

平均数是用来描述数据分布集中趋势的一个统计量，常用符号 $\bar{X}$ 来表示，它是一组观测值的总和除以该数目所得的商来计算，定义公式为

$$\bar{X} = \frac{\sum X}{n}$$

式中：$\bar{X}$ 代表平均数；$\sum$ 表示累加求和；X 表示具体的观察值；n 表示观察值个数。

例如，某团抽调 50 名战士参加政治理论考核，测试成绩总分为 4010，则该团平均分应为

$$\bar{X} = \frac{\sum X}{n} = \frac{4010}{50} = 80.20$$

方差和标准差描述一组数据的差异情况和离散程度的统计量。方差或标准差越小，表明数据的离散程度越小，数据分布越集中整齐；反之，方差或标准差越大，表明数据离散程度越大，数据分布越参差不齐。

方差指观测值与平均数差异平方和的算术平均数，常用符号 $\sigma^2 x$ 来表示，其计算公式为

$$\sigma^2 x = \frac{\sum (X - \bar{X})^2}{n} = \frac{\sum X^2}{n} - \left(\frac{\sum X}{n}\right)^2$$

式中：$\sigma^2 x$ 代表方差；$\overline{X}$ 代表平均数；$\sum$ 表示累加求和；X、X^2 分别表示原始数据及其平方；n 表示观察值个数。

标准差等于方差的算术平方根，用符号 σ_x 来表示，其计算公式为

$$\sigma_x = \sqrt{\frac{\sum(X - \overline{X})^2}{n}}$$

式中：σ_x 代表标准差。

如数据 80、90、50、60、70，其平均数为

$$\overline{X} = \frac{80 + 90 + 50 + 60 + 70}{5} = 70$$

方差为

$$\sigma^2 x = \frac{(80 - 70)^2 + (90 - 70)^2 + (50 - 70)^2 + (60 - 70)^2 + (70 - 70)^2}{5}$$
$$= 200$$

标准差为

$$\sigma_x = \sqrt{200} = 14.14$$

对收集到的大量观测数据的特征进行简单描述分析时，经常会进行频数分析和相应的简单数据运算，这些量化分析虽然都很简单，但作用往往却很大，不容忽视。

通过简单的频数分析，美军发现发生触雷事件最多的时间是下午 4 点，这时部队疲惫，警惕性低。在上午，由于部队精神饱满，警惕性较高，所以发现半雷最多，触雷也最少。因此美军采取了经常轮换值班和先头带队人员的办法，使部队始终保持饱满的精力和较高的警惕性。而且美军还通过频数分析掌握了越军布雷的种类、位置和动向。根据越军敷雷战术随季节变化的特点（如在插秧季节一般不在稻田敷雷），美军采取了相应的战术，从而减少了伤亡，提高了作战效能。

美军通过简单计算发现，触雷造成两人以上伤亡的约占 46%，说明行军间隔太小。因此美军通过数据分析找到了最佳行军距离。

2. 对数据的科学推断

在量化分析研究中，研究对象涉及的总体往往包含的个体数目较大，不可能对所有个体逐一进行调查，而通常采用抽样调查的方法从总体中随机抽取一定数目的样本进行研究，然后根据样本的信息推断总体的情况，对数据作出科

学的推断。

对数据的科学推断是在对数据进行描述分析的基础上，在一定可靠性水平上，用概率形式来决断数据之间是否存在某种关系及利用从总体的样本中获得的信息来推断分析总体的特征时使用的一种重要的量化分析方法。它包括两大核心内容：利用样本资料进行参数估计和利用样本资料进行假设检验。两者都是根据样本资料，运用科学的统计概率理论和方法对总体的参数进行推断：参数估计对所要研究的总体参数，进行合乎数理逻辑的推断；假设检验对提出的关于总体或总体参数的某个陈述进行检验，判断真伪。

（1）利用样本资料进行参数估计。参数估计是由样本提供的信息对总体的分布和分布的特征进行科学推断，是统计推断的基本问题。参数是刻画总体某方面概率特性的数量，当此数量未知时，从总体抽出一个样本，用某种方法由样本统计量对总体的这个未知参数进行估计就是参数估计。参数估计主要包括参数的点估计和区间估计。

在统计量化分析研究中，我们研究的问题或现象往往是随机事件，随机事件的结果称为随机变量，随机变量都有自己的概率分布。正是该随机变量及其概率分布全面描述了要研究的现象的统计规律性。因此，如果知道了要研究的随机变量的概率分布，就可以在其基础上进行计算和推断，从而比较清楚地了解要研究的现象。

点估计是指用一个样本统计量的实现值去直接估计总体参数，而不管其估计的误差有多大。比如为了了解军人家庭的生活状况，可以用抽样的方法对某地区若干名军人（比如1000人）进行人均消费的调查。根据样本资料计算出人均消费为20000元/年，于是就把这个样本平均数（样本估计量20000元/年）作为该地区全体军人家庭人均年消费的估计值。

区间估计是包括统计量在内（有时是以估计量为中心）的一个区间，该区间被认为很可能包含总体参数。区间估计所要描述的是对一个总体参数可能落入某一数值范围所作出的估计。点估计给出一个数字，用起来很方便；而区间估计给出一个区间，说起来留有余地，不像点估计那么绝对。比如为了了解军人家庭的生活状况，采用抽样调查的方法得到的样本资料为人均消费20000元/年，于是我们推断该地区军人家庭人均年消费的估计值有较大的可能落在18000～22000元，而且通过详细的样本数据可以推算出落在这个区间内的可能性是多少。

28

（2）利用样本资料进行假设检验。假设检验实际上就是对所估计的总体首先提出一个假设，然后通过样本数据去推断是否拒绝这一假设。假设检验运用的原理就是小概率原理。所谓小概率原理，就是指小概率事件在一次试验中几乎不可能发生。如果小概率事件在一次抽样（试验）中发生了，就有理由怀疑提出的假设的正确性，从而拒绝原来的假设成立。

假设检验的背后是有它的哲学支撑的，假设检验对现实生活有着重大的意义。在现实生活中经常遇到这样的问题：想要肯定什么事情很困难，而否定相对就容易多了。根据假设检验原理，如果没有足够的证据来否定假设成立，那就只能先接受假设成立。《红楼梦》作者的判定、莎士比亚作品的认定都可以说是假设检验对人类的贡献。当前高技术条件下作战，及时准确地了解部队需求，是搞好后勤动员的前提，但准确掌握部队后勤需求越来越困难，美军称之为后勤需求迷雾。

彻底"驱除后勤需求迷雾"，美军就是很好地运用了量化分析方法，特别是对数据的科学推断，制定了科学的后勤物资战时消耗标准。美军在对现代战争后勤物资消耗影响因素分析的基础上，运用定量分析方法和理论构建了综合反映战争规模、战争强度、战争持续时间、作战地域特点以及作战样式等因素的数学模型，并用历史统计数据和近年来的局部战争的数据进行推演和模拟计算，从而得到适宜的战时物资消耗标准。

第三章　后勤与装备管理预测基础理论

预测作为管理的一项先期性工作，规划、决策、评价等活动都是在预测的基础上展开的。所以，没有准确的预测，就没有科学的决策，没有科学的决策，就更谈不上科学的后勤与装备管理。预测作为一种研究事物发展规律、探索事物未来发展趋势的活动，不仅需要准确完整的数据支撑，还需要科学的定量预测方法。

后勤与装备管理定量预测是在定性分析的基础上，依据科学的预测理论和定量分析方法进行的专业预测分析活动。只要有战争就离不开预测，就需要与战争研和练、谋与战息息相关的定量预测分析方法。随着现代数学方法和计算机技术的快速发展，定量预测分析在后勤与装备管理专业领域的应用日趋广泛。

第一节　后勤与装备管理预测的基本概念

一、定义

预测，就是"鉴往知来"，即借鉴对过去的探讨，以求对未来的了解。在此基础上给预测下一个严格定义，所谓预测，就是根据以往的历史资料，通过分析和推理，对事物未来的发展状态、结果等做出科学的判断和预见。其实质是由已知推断未知、由局部推断总体、由偶然推断必然、由历史和现实推断未来，以期减少对未来事物认识的不确定性，降低决策风险，指导未来行动。为了收到预期的预测效果，对于预测对象，通过不同的预测方法，分别提出几种不同的预测方案，在各种方案中，通过定性与定量分析，充分衡量预测对象变化的条件，以及可能变化的幅度，综合预测事物未来发展趋势。

后勤与装备管理预测，就是在后勤与装备管理领域，通过充分收集各专业领域的数据信息，根据获得的信息，依据预测分析基本理论，综合运用定性、定量分析方法，对后勤与装备管理中未来或未知的事物发展规律进行判断和推测的一种活动。后勤与装备管理预测包含了两个方面的含义：一是根据过去已有的相关历史资料和现在的实际情况，推测事物未来可能出现的发展趋势或状态；二是根据已知事物推测同一时期未知事物的状态。

预测的目的在于认识事物的发展规律，以及在不同历史条件下各种规律的相互作用，揭示事物发展的方向和趋势，分析事物发展的途径和条件，从而尽早地预知未来的状况和将要发生的事情，并主动地控制其发展，使其为人类和社会进步服务。

预测分析的基本途径通常是在定性分析的基础上，通过时间序列分析和因果分析等对比分析方法，来研究事物的形成原因，预测事物的未来发展变化结果；综合运用数学方法，通过对时间序列数据的分析处理，揭示事物发展的规律，从而预测事物发展的趋势，并依照某一事物的发展变化规律来预测另一事物的发展趋势。

后勤与装备管理预测，一是要根据过去已有的相关历史资料和现在实际情况，推测事物未来可能出现的发展趋势或状态；二是要根据已知事物推测同一时期未知事物的状态。综合上述两个方面，可以总结出后勤与装备管理预测的以下特点。

（1）预测对象的随机性和相关环境的复杂性。由于影响后勤与装备管理发展的不确定因素很多，因此预测对象在一定时期内有可能发生，有可能不发生，使得预测对象具有随机性特征。后勤与装备管理领域任何一个事物都不是孤立的，它的存在和发展既影响其他事物的存在和发展，又受其他事物存在和发展的影响。因此，对后勤与装备管理进行预测，必须重视预测对象的背景和相关复杂环境的研究，要深入研究预测对象的过去和现在，科学地探索其未来发展趋势，同时还必须研究预测对象所处的战争环境和作战背景。

（2）预测过程的科学性和预测结果的参考性。预测需要有系统的思维指导，需要使用科学的方法和手段，后勤与装备管理还特别需要具备后勤与装备专业领域的多学科知识架构，需要有后勤与装备管理真实的历史数据，来保证预测过程的科学性；纵然如此，预测作为对未来的探知，加之后勤与装备管理对象的随机性、相关环境的复杂性，决定了预测结果的不确定性，预测结果对实际行动只起参谋作用，供决策者参考。

（3）预测方法的多样性和预测模型的适用性。预测方法是一个庞大的知识体系，据统计，目前国内外各种各样的预测方法已有300多种，比较常用的也有30多种。无论是发展规划还是趋势判断，都牵扯到短、中、长期问题，短期预测有短期预测的方法，中、长期预测有中、长期预测的方法；在后勤与装备管理领域，专业分类多，预测内容杂，既可以有物资供应预测、卫勤保障预测、战略投送预测、装备维修预测等专业预测，又可以有后勤与装备领域规范性预测和探索性预测等。针对不同的预测，可以选择不同的预测方法，而更难的是选择适用的预测模型。因此，在合理选择预测方法的基础上，还要考虑模型的适用性，根据事物发展变化规律和后勤与装备管理现实情境，认真识别问题类型，作出合理假设，充分收集数据，比较模型和数据是否一致，从而选择适用好用的预测模型。

预测分析通常由预测主体、预测对象、预测依据、预测手段和预测结果五个要素构成。

从系统的角度来考察，后勤与装备管理预测活动本身构成了一个系统，这个系统由五大要素组成，即预测对象、预测目的、预测主体、预测依据（包括预测理论和预测信息等）和预测技术方法，分别回答和解决预测什么、为什么要预测、谁来预测、根据什么预测和怎么预测等问题。这五个要素之间既相互依存又相互作用，构成了一个完整的链条或有机整体。其中预测目的是整个后勤与装备管理预测系统的目标和动力；预测主体和预测对象是后勤与装备管理预测系统的基本构成，而二者的相互作用又必须借助于预测技术方法和预测信息。

从动态平面图（图3-1）可以看出，后勤与装备管理系统预测作为一个有机整体，输入的是关于预测对象的有关资料和信息，预测主体依据这些资料和信息，运用一定的预测理论，通过相应的预测技术方法，对后勤与装备管理预测对象进行深入分析，最后输出预测结果，确定预测目标和预测方案。

图3-1　动态平面图

二、方法分类

根据后勤与装备管理预测对象、时间、范围、性质等不同，可对现有的预测方法进行不同的分类。预测问题按不同标准可以划分为各种不同的类型。按预测期限划分，可分为短期预测、中期预测和长期预测；按目标限制划分，可分为规范性预测和探索性预测；在后勤与装备领域，若按预测内容划分，还可分为物资供应预测、卫勤保障预测、战略投送预测、财务保障预测以及装备维修预测等。本书按照方法本身的性质特点，把后勤与装备管理预测方法分为定性预测方法和定量预测方法两大类，如图3-2所示，具体描述如下。

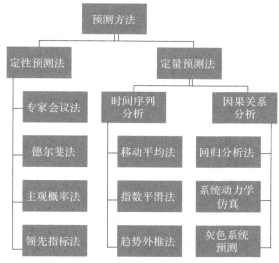

图3-2　预测方法分类

（1）定性预测方法。定性预测方法主要是从客观事物的性质、特点等情况出发，依据人的主观经验和能力，对事物的走向和发展前景做出判断。这类方法主要有专家会议法、德尔斐法、主观概率法、领先指标法等。

（2）定量预测方法。定量预测主要是从后勤与装备管理客观事物之间所表现出来的数量关系等情况出发，依据数学模型，对事物的走向和发展前景做出判断。这类方法又可进一步分为时间序列分析方法和因果关系分析方法两个子类。时间序列分析方法主要包括移动平均法、指数平滑法、趋势外推法等；因果关系分析方法主要包括回归分析法、系统动力学仿真法、灰色预测法等。

定性预测方法和定量预测方法在使用上的区别在于：定性预测一般侧重于事物的质变、突变，回答事件发生的可能性，并且通常用于中长期预测且历史数据缺乏的情形；定量预测则一般侧重于事物的量变、渐变，回答事件发展的可能程度，并且通常用于历史数据比较详尽和准确的情形。当然，两者之间的界限不是绝对的，在解决实际问题的时候，常常结合使用。

随着信息技术的发展，数据采集越来越便捷可靠，预测技术也日趋完善，预测工作在后勤与装备管理领域已经逐步开展起来，预测方法和技术有了广泛的应用。但是从总体来看，从大多数专业领域来看，预测尚未成为后勤与装备管理领域决策的必定程序和必要组成部分，不经过科学预测就决策的情况还经常发生，预测尚未成为普遍的经常性工作，尚未形成凡决策必预测的科学制度，预测方法普及规范不够。随着军队政策制度改革的落地生根，聚焦未来信息化、智能化战争，后勤与装备管理领域，要逐步形成与决策体制相适应的科学预测体系，将后勤与装备管理预测职能赋予相应的机构，注重培养专门从事预测工作的人员，学习科学实用的定量预测方法。

第二节　后勤与装备管理预测的基本原则与一般步骤

一、基本原则

预测不是猜测，更不能主观臆断，必须是在一定理论指导下的一种科学认识活动。预测所依托的基本原则通常有如下几个。

（1）惯性（连续性）原则。所谓惯性就是说任何事物的发展变化在时间上都带有一定的历史连续性。今天是昨天的延续，明天是今天的发展。尽管它们之间会有所差别，但总是具有某些相同或相通的地方。例如，我们总是可以透过早期的海湾战争、科索沃战争和目前的伊拉克战争、阿富汗战争，看到未来信息化战争的影子。正是由于事物发展过程的这种连续性和统一性，才使预测活动成为一种可能。

（2）类推（相似性）原则。事物的发展模式往往具有相似性或同构性，只要恰当地进行类比，找到它们之间在量或质方面的相似点，就可以通过甲事物的发展来分析推测乙事物的发展。例如，通过研究发达国家军队武器装备的更新换代情况，来类推预测我军武器装备的发展过程；通过外军的后勤与装备的建设情况，推测我军后勤与装备的发展进程。

（3）相关（因果性）原则。事物之间是具有普遍联系的，一事物的发展变化往往是受它事物影响和制约的。正因为如此，只要找到一各事物与他事物之间的因果关系，就可以通过已知事物的发展变化，来推测出未知事物的变化规律。如参战兵力和后勤与装备保障需求之间，一旦二者的数量关系能够确定，那么通过参战兵力多少这个已知条件，就可以对其后勤与装备保障需求的数量进行预测。

（4）随机（或然性）原则。预测对象的发展有各种各样的可能性，预测是对预测对象发展的各种可能性的一种估计。如果认为预测是必然结果，则失去了预测的意义。另外，事物各种状态的出现尽管是偶然的，但它又受确定性的约束和限制，被必然性所支配，纯粹的随机性是不存在的。这样就可以利用数理统计和概率论的理论，从大量离散或连续的随机变量中找到事物的变化规律，进而对其未来的状态进行预测。

二、一般步骤

完整的后勤与装备管理预测是一个过程，而不仅仅是产生预测结果的一瞬间。根据预测工作的技术内容，我们设计以下的预测程序或步骤。

1. 明确问题

包括后勤与装备管理预测问题的性质、类型、特点，预测的要求以及预测所希望达到的目标等，通过详尽分析都要做到心中有数。

2. 收集信息

包括后勤与装备管理预测对象本身的历史和现实资料、数据，以及影响预测对象发展变化的相关因素的历史和现实资料、数据，还包括国内外同类预测的研究成果，都要注意收集。信息收集工作必须有目的进行，对收集到的信息要认真地进行过滤。

3. 选择方法

根据后勤与装备管理预测问题的性质、类型、所掌握的资料情况，以及组织预测的难度、代价等，有针对性地选择预测方法。有时为了保证预测的可靠性，一般应选择 2~3 种预测方法同时进行，以弥补单一预测方法的不足，保证预测结果的质量。

4. 实施预测

根据搜集到的有关资料或数据，利用已经确定的预测方法和模型，组织人力、物力、财力，按规定的要求进行后勤与装备管理分析预测，得出预测结论。

5. 结果分析

无论采用什么样的预测方法，所得到的预测结果，都不能保证与实际情况完全符合。所以需要对预测结果的准确性、灵敏性等进行分析，同时，还要根据误差的大小及其产生的原因，视情对后勤与装备管理预测结果进行修正，然后再将其提交决策或计划部门。

总之，预测的过程是一个资料、信息、方法和分析相互结合的过程，在这个过程中，对预测成败影响最大的是两个分析和处理。一个是对收集到的后勤与装备管理信息的分析和处理，这直接影响到预测方法的选择和预测模型的建立。预测方法和预测模型能否真实反映出事物发展的规律性，取决于信息的真伪和所用资料或数据的质量；另一个是对预测结果的分析和处理，这是整个后勤与装备管理预测工作的最后一个关口，它也同样直接决定着预测的质量。上述这两个分析和处理实际上也最能体现预测主体水平。

另外，还需要说明的是，后勤与装备管理预测终究是一项面向未来、面向未知的活动。尽管我们进行预测时，总是希望每次预测能够准确无误，但那只能是一个良好的愿望，实际却是无法达到的。这一方面，是由于人的认识具有一定的局限性；另一方面，是源于预测对象的复杂性。因此，即使再科学的预测也很难做到每次都100%准确。一般来说，当预测结果精度超过90%的时候，就称这样的预测为高精度预测。当然，不同类型的问题，由于复杂程度不同，预测难度不一样，因此，对预测精度有着不同的要求。类似未来后勤与装备发展战略、国防经济走向等一些复杂的问题，预测精度达到70%以上即为高精度预测。表3-1为预测精度等级评估表。

表3-1　预测精度等级评估表

等级评估	预测精度 x	
	一般问题	复杂问题
高精度预测	$x \geqslant 90\%$	$x \geqslant 70\%$

等级评估	预测精度 x	
	一般问题	复杂问题
良好预测	$80\% \leqslant x < 90\%$	$60\% \leqslant x < 70\%$
适当预测	$50\% \leqslant x < 80\%$	$30\% \leqslant x < 60\%$
不准确预测	$x < 50\%$	$x < 30\%$

第四章　后勤与装备管理决策基础理论

说到管理，就离不开决策。美国的著名管理学家西蒙曾提出"管理就是决策"的著名观点。从字面上来讲，决策就是"作出决定"，俗话称为拍板，它是管理的一个重要职能，而且在管理职能中位居首位。后勤与装备管理决策是对后勤与装备管理方案作出的确定与选择，是后勤与装备管理的核心内容，也是管理中计划和控制活动的前提及基础。一项成功的决策可以带来巨大的效益，一项错误的决策会造成巨大的损失。许多决策问题受到不确定性因素的影响，因而需要通过定量方法进行科学分析，以利于作出正确的决策。定量决策就是用定量方法分析在各种条件下不同的决策行动的合理性，以及在多种可能方案中选择最佳方案的过程。

第一节　后勤与装备管理决策的基本概念

一、定义

决策的概念有广义和狭义之分，广义上讲，无论是日常生活中所进行的微不足道的选择，还是在社会实践活动中所作出的重大抉择，都属于决策的范畴。然而，人们研究决策，其兴趣显然不在那些无关紧要的日常行为选择上，而是专门针对社会实践活动中的重大决策而进行的，其最终目的在于提高人们作出重大决策的质量和效率。因此，从这个意义上说，广义的决策，是指发生在政治、经济、外交、国防、军事等一系列社会活动中对于人们具有重要意义的行动选择；而我们这里取其狭义，任何人作出任何决定都包括明确问题或目标、提出解决问题或达到目标的各种可行方案，然后从中选择一种解决问题或达到目标的最优方案这一系列的活动过程。作出决定或拍板是指对各种方案的判断择优活动。因此，决策可以理解为，按预期的目的和要求，运用各种方法，在系统分析主客观条件的基础上，依据未来的状态，根据决策准则，对提出的多种可行方案进行判断分析，择优选择合理方案的过程。

决策作为后勤与装备管理过程中的一项经常性活动，贯穿后勤与装备管理的全过程。后勤与装备管理决策的过程主要有三个阶段：问题形成阶段、问题分析阶段和组织实施阶段。问题形成阶段，首先是找出问题并认清问题，寻找解决问题的各种方案，并确定目标和评价方案的相应准则；问题分析阶段，要分析各种方案的优劣，包括对各种方案的评价，并依据评价准则选择最优方案；组织实施阶段，是在前两个阶段的基础上，对选择出的最优方案具体落实，并实施动态跟踪控制，反馈方案的实施情况。方案的择优过程是决策的关键阶段，在传统管理中主要依靠管理者的经验和判断能力，更多地侧重于定性分析，这对于不太复杂的后勤与装备管理问题，有时是很好的方法。但随着科学技术的发展，现代战争变得越来越复杂，面对这种复杂性的挑战，现代指挥员管理决策离不开定量分析，必须在其基础上，与定性分析有机结合，科学决策，也就是说，定量分析在现代战争后勤与装备管理中扮演着十分重要的角色。

现代计算机技术、管理科学等的发展，给决策制定的过程赋予了新的内容和涵义。西蒙把决策过程同现代的管理科学、计算机技术和自动化技术结合起来，将其划分为四个主要阶段，形成了决策的过程。第一阶段是调查环境，寻求决策的条件和依据，即"情报阶段"；第二阶段是创造、制定和分析可能采取的行动方案，即"设计阶段"；第三阶段是从可利用的备选方案中选出一个特别行动方案，即"抉择活动"；第四阶段是决策的实施与评审，西蒙称其为"审查活动"，其实质是对过去的抉择进行评价。

在情报和设计阶段，主要是依赖于可靠、准确、及时的基本信息，因此管理信息系统就成为当代决策的重要技术基础；而在抉择和评价阶段的基本技术措施就是模型方法，主要是指管理科学、运筹学、系统工程中的模型方法。将上述两部分技术集成在一起，利用先进的计算机软硬件技术，实现上述决策过程，开发成界面友好的人机系统，这就是决策支持系统。

当然，也许很多人会问，决策与对策有什么不同？决策者面对的是自然环境，自然环境是客观存在的，即使有不确定性，往往也有一定的规律性（统计规律性）。而对策中，决策者面对的是一个活的对手，他会不断变化自己的策略，甚至会抓住对方的错误不放，他还会对自己的行动意图时时保密，所以在对策问题中，决策者大多会不图侥幸，从最不利的情况出发，稳中求胜。

为使决策科学有效，定量化的分析手段可以说必不可少，而后勤与装备管理定量决策，就是在军队后勤与装备管理领域，为实现特定目标，运用量化方法对后勤与装备管理工作方案进行谋划、选择和决断，以保证决策的正确性和有效性，同时能够最大限度地节约资源。对后勤与装备管理决策的内涵可以从如下几个方面来理解。

（1）后勤与装备管理决策的对象是后勤与装备建设发展的未来。任何一门科学都有其特定的研究对象，后勤与装备管理决策要研究的是后勤与装备建设发展的未来。它是在行动之前对后勤与装备建设发展活动应该向什么方面发展和应该怎样发展所作的事先安排，它是针对需要解决的问题和需要完成的任务而作出的决定，因而是创造性的活动，是对后勤与装备建设发展的直接指导。

（2）后勤与装备管理决策的目的是正确地行动。后勤与装备管理活动不能盲目进行，需要进行有效的指导才能健康有序地发展。决策指导行动，行动体现决策。后勤与装备管理决策对后勤与装备管理活动的影响极为深远，正确的决策产生正确的行动，正确的行动来源于正确的决策。

（3）后勤与装备管理决策的实质是择优。后勤与装备管理决策不是随意性的"拍板"活动，它必须对未来后勤与装备管理活动的目标、任务和达到目标、实现任务的措施、途径作出符合客观规律的合理抉择，寻求能够获得最佳后勤与装备效益的行动方案。因此，决策前应尽量制定出各种可供选择的方案，然后从中选择出一个最理想的方案，如果只有一个方案就谈不上什么选择了，更谈不上什么决策了。

（4）后勤与装备管理决策过程是一个完整的过程。任何一项后勤与装备管理决策的形成，绝不是"灵机一动""瞬间拍板"，而是提出问题、确定目标、拟定方案、分析状态、评估方案、方案择优、方案落实、信息反馈几个阶段的统一，对于一般的后勤与装备管理决策来说，这几个基本阶段是缺一不可的。

（5）后勤与装备管理决策的内容是复杂的。从实践中看，重大的后勤与装备管理决策往往涉及与军事后勤或装备有关的诸多方面，它们之间并不总是协调的，有可能经常出现矛盾，后勤与装备管理决策就是要对它们加以综合考虑，并协调它们之间的关系。

二、方法分类

后勤与装备管理决策根据研究任务的不同，按不同的标准可分为不同的种类。按目标的性质及广度和深度不同，可分为战略决策和战术决策。

按决策者的选择标准，可分为完全理性决策和有限理性决策。完全理性决策问题包含四个要素：①方案集，决策人可能采用的所有方案的集合；②自然状态集，所有可能的自然状态；③后果集，决策问题各种可能后果的集合；④信息集，与自然状态有关的所有信息的集合。依据自然状态发生概率的情况，还可以将其分为确定型决策、风险型决策和不确定型决策。有限理性决策是赫伯特·西蒙于1947年提出，他也因此获得1978年诺贝尔奖。有限理性决策的基本观点：①人们在进行决策时一般不可能制定出所有解决问题的方案，而只是面对其中部分方案进行选择；②人们对可供选择的方案的比较并不是像理性模式所主张的那样，对所有的方案同时进行比较判断，而是按照顺序成对地进行比较选择，即按顺序进行前两者选优与下一个进行比较，直到满意为止；③人们选择决策方案的原则不是"最优化原则"，而是"满意"原则。

按决策方法的不同，决策可分为定性决策和定量决策。定性决策是决策者依靠集体的智慧和经验，对不能量化的目标和未来行动的方向、方针、原则、性质和类型所作的决定。定量决策是决策者使用量化方法和数学模型，对能量化的目标和未来行动所作的决定。在实际工作中，定性决策与定量决策往往是结合运用。从其作用来看，定性决策是定量决策的基础，在定性决策的基础上进行定量分析与决策，可使决策更具有可行性和说服力。

按所要实现的决策目标数量，决策可分为单目标决策和多目标决策。在定量分析中，为了能够定量地去衡量各种决策方案达成决策目标的程度，一般需要将决策目标转换成一个或一组数量指标。其中，如果用单个数量指标对决策目标进行量化，这就属于单目标决策问题，而如果用一组数量指标对决策目标进行量化，这就属于多目标决策问题。这里所谓的单目标决策和多目标决策，其实就是单指标决策和多指标决策（有时也称为单属性决策和多属性决策）。值得注意的是，在这里作为指标含义使用的"目标"，与作为决策目的含义使用的"目标"是两个不同的概念。两者的关系是：前者是后者的具体化和数量化，而后者则是前者的逻辑起点和服务对象。由于后勤与装备管理的复杂性，相当多的后勤与装备管理决策问题都是多目标决策问题。

　　按决策形式不同，决策可分为规范性决策与非规范性决策。规范性决策是指在后勤与装备管理中经常遇到的一些重复出现的决策问题，对这些问题的决策一般来说有章可循、有法可依，凭借已有的规章制度和例行的办事程序就可以解决。非规范性决策是指对偶然发生的或初次出现的非例行活动所作出的决策。这类问题同曾经解决过的问题没有多少相同之处，具有较大的不确定性、特殊性和随机性，决策者不容易把握到它的特点、结构、背景和规律，解决这类问题的决策没有先例可借鉴，没有现成的模式和程序，完全取决于决策者的经验、智慧和判断能力，由于非规范性决策无先例可循，无章法可依，决策所承担的风险较大，因此，要求决策者充分发挥自己、智囊团和群众的聪明才智，极其慎重地处理好这类问题的决策。对于决策者来说，应将主要精力放在非规范性问题的决策上。

第二节　后勤与装备管理决策的基本原则与一般步骤

一、基本原则

　　（1）信息性原则。后勤与装备管理决策不仅需要过去和现在的高质量的后勤与装备建设发展信息，而且，更需要未来的后勤与装备建设发展信息。如果后勤与装备管理决策建立在科学预测的基础上，后勤与装备管理决策的科学性就有了基础，但在以后勤与装备管理预测结果为基本依据进行后勤与装备管理决策时，还必须对所掌握的信息再一次研究，以保证后勤与装备管理信息的及时性、准确性、全面性及适用性，因为在后勤与装备管理过程中，影响其发展变化的因素也是处于不断变化中的，原来的主要因素可能已成为次要因素，原来处于从属地位的因素也可能转变为主导因素，或许还会出现一些过去没有掌握的新情况，因此，只有以高质量的后勤与装备管理信息为后勤与装备管理决策的依据，才能对现在及未来事物有更为清晰明了的认识，才能使后勤与装备管理决策更为科学、合理，才不至于因为后勤与装备管理信息不灵、不准、不全等，导致后勤与装备管理决策的失误。

　　（2）可行性原则。后勤与装备管理决策的可行性，是实现决策目标的物质条件、信息条件和组织条件，后勤与装备管理决策必须可行，不可行就不可能实现后勤与装备管理决策的目标。为此，要从实际出发，对决策方案进行定性、定量分析，并有严格的可行性论证。

（3）系统性原则。后勤与装备管理系统包含着若干相互联系、相互制约的子系统，这些系统处于相互联系的结构之中，系统性原则是要求后勤与装备管理决策能够保证被决策的系统处于整体的最佳状态和与环境的协调一致；强调科学的后勤与装备管理决策必须考虑后勤与装备管理决策所涉及的整个系统、相关系统，以及构成各个系统的相关环节，以免作出顾此失彼、因小失大的错误决策。因此，决策时要应用系统工程的理论与方法，以系统的总体目标为核心，以满足系统优化为准绳，强调系统配套、系统完整和系统平衡，从整个系统出发来权衡利弊。

（4）择优原则。后勤与装备管理决策是在几种可供选择的方案中，选出最优方案。所谓"优"，即以最小的物资消耗取得最大的后勤与装备管理效益。具体包括代价最低、风险最小、时间最短、速度最快、效益最佳、副作用最小等，对比选优的关键在于对比，这种对比不是多方案的简单对比，而是需要对待选方案逐个进行科学评估，详细论证，对它们的优缺点进行定性和定量分析，在此基础上，对各方案的利弊进行对照，最后综合选择出一个最佳或最令人满意的行动方案。

二、一般步骤

一项决策，从提出问题到付诸实施、全面实现，要经历一个过程，这个过程必然有一定的规律可循，后勤与装备管理决策程序正是后勤与装备管理决策规律的现实表现。后勤与装备管理决策的一般程序包括以下几个方面。

1. 提出问题

提出问题是指提出希望通过决策而加以解决的问题。后勤与装备管理决策的动因不是凭空胡思乱想，而是要有一个前提，也就是说，后勤与装备管理决策是针对所提出的问题而进行的，发现问题、提出问题是解决问题的前提，是后勤与装备管理决策过程的开始。

2. 确定目标

提出问题仅仅是实施决策的起因，而后勤与装备管理决策的核心是达到什么目的或决策实施以后将要达到或期望达到的目标，不同的决策目标对应的最优方案不尽相同，选择决策目标应注意以下问题。

（1）目标的针对性。后勤与装备管理决策目标的提出应当有的放矢，针对决策目的确定决策目标。

（2）目标的具体性。决策目标是决策者要达到目的的具体体现，所以，决策目标必须明确、具体，使执行者能够领会执行。决策目标的具体性主要包括以下两个方面的含义：①决策目标的词义表达必须清晰明确。不论是单目标还是多目标决策，每个目标只能有一种解释，不能含糊不清或含义不明，更不能模棱两可，因此对决策目标的阐述，应当在措辞造句方面严谨准确，避免多义性，并尽可能使目标数量化，因为数字语言一般是单义的。②为了考核执行决策方案后是否实现了原定决策目标，要有评价目标是否达到或达到程度的具体标准。

（3）目标的层次性。后勤与装备管理决策目标通常具有层次性。对决策者来讲，一定要分清哪些是上级目标，哪些是下级目标，哪些是本级目标等。

3. 收集信息

收集决策所需要的各种信息。如决策时所面临的各种自然状态及其发生概率等。

4. 拟定方案

拟定出为达到决策目标而可能采取的各种可行方案。方案的拟定应注意两点。一是整体上的齐全性，即所拟定的备选方案应把通向目标的各种方案全部拟定出来，尽量做到不漏掉一个。这是保证最后能否选出最优方案的一个重要条件。二是差异性，即各备选方案之间应有原则上的差异。

5. 方案评估

方案拟定以后，要对每一个备选方案进行分析研究，结合决策目标和标准进行评估。分析研究的内容包括：①限制因素分析，即分析论证方案中所有限制的资源、人力、物力、财力、时间、技术以及其他有关条件，以此判定方案是否行得通，是否能够达到预期的目标。②潜在问题分析，即分析每个备选方案如果实施后，可能发生的潜在问题是什么？这些问题出现的概率有多大？一旦出现这些问题，其严重程度如何？引发问题的原因有哪些？防止和补救的可能性有多大？应制定哪些切实可行的防范措施和应急措施？怎样才能使潜在问题发生的可能性减小到最低程度等。在进行上述分析的基础上，根据后勤与装备管理决策目标，组织各方面的专家进行论证，对备选方案的军事效益、经济效益、环境效益和社会效益等进行评价。

6. 方案择优

"择优"是科学决策的一个基本原则。在"择优"这个决策的中心环节，即方案择优的过程中应把握以下两点。

（1）方案择优的标准。决策标准是后勤与装备管理决策目标的有机组成部分，是决策的参照系。如果将决策目标比作一把尺子，决策标准就是尺子的刻度。决策科学性与合理性，在很大程度上就体现在标准的制定上，标准制定得是否科学、合理，直接关系到后勤与装备管理决策结果的可靠性。

（2）选择方案的方法。随着决策实践和理论的发展，优选决策方案的方法越来越多，但如果进行一下归类，不外乎两大类，即经验判断法和定量分析法。经验判断法又可分为淘汰法、排队法、归纳法等。淘汰法是根据择优的准则，对全部备选方案进行简选，逐个比较进行淘汰；排队法是按方案的优劣顺序排列，供决策者挑选；归纳法即把相类似的方案进行归类，然后按类选优。定量分析法是运用定量方法求出最优方案。

7. 方案落实

决策的目的是实施，所以决策方案确定后，远不能算作决策的终结。作为决策者，必须要精心组织好实施决策方案的各项工作。习主席说："如果不沉下心来抓落实，再好的目标，再好的蓝图，也只是镜中花、水中月。"在后勤与装备管理决策的方案落实中，最重要的是根据决策的实际情况编制好实施决策的计划方案。主要包括执行决策方案的步骤、期限、措施、人力、物力、财力等条件，以及明确规定执行决策部门和人员的职责，以保证高效地实施决策方案。

8. 信息反馈

在决策实施过程中要检验决策是否正确，并把信息及时反馈给决策者，一般来说，由于决策者受到主客观条件的限制和客观事物运动变化的复杂性的影响，方案能完全符合客观实际的情况较少。一般情况下总是有不完善的地方，即不完全符合客观实际的地方，这就需要通过信息反馈，及时而准确地把决策过程的主客观之间的矛盾信息输送给决策者，从而使决策者根据变化了的情况，对决策方案进行不断修正，以保证决策目标顺利实现。另外，如果通过信息反馈，发现原有决策的实施不能保证决策目标的实现，或原有决策正确，但由于主客观条件发生了重大变化，就必须对决策目标或决策方案进行根本性的修正与调整。为保证反馈控制的及时有效，应建立信息反馈网络，并保持信息反馈渠道畅通无阻。

以上步骤就是科学决策的逻辑思维过程，在这个过程中，它强调了人们认识的主观能动性，也说明了实践检验的重要作用。其中的每一个步骤，都有特定的内容与要求，都是后勤与装备管理决策不可缺少的环节，它们相互结合，交叉渗透，形成完整的决策程序。需要强调，作为决策的一般程序，在实际工作中不能机械地理解和应用，而要相互联系、有所交叉地灵活运用。

第五章 后勤与装备管理优化基础理论

在后勤与装备管理中，一个共性的重要问题是如何科学地分配人力、物力、资金和时间等资源，以获得最佳的军事保障效益。这个问题包括两个方面：一是在一项任务确定后，如何以最低的成本（如人力、物力、资金和时间等）完成任务；二是如何在现有条件下进行组织和安排，以获得更多的军事保障效益。此外，还涉及工作计划安排的统筹优化，通过合理地组织安排，科学地定量分析，使后勤与装备管理活动高效完成等，这些都是后勤与装备管理优化分析所要解决的问题。因此，后勤与装备管理优化分析可以说是通过对目标、资源和任务的分析，找出最佳后勤与装备管理方案的方法，它是后勤与装备管理决策的直接目的，也是后勤与装备管理决策的最高境界。随着科学技术的迅猛发展，后勤与装备管理优化在后勤与装备管理领域将发挥更大的作用，应用领域也将更加广泛。

第一节 后勤与装备管理优化的基本概念

一、定义

优化就是在给定条件下，根据管理目标，按照一定的标准和准则，运用一定的方法和手段，使目标值达到最大化（或最小化）。后勤与装备管理优化分析主要根据后勤与装备建设或保障的目标，按照相关准则，运用科学方法，使保障效益最大化或保障成本最小化，其最终目的一般是达到决策的最优化。

（1）提升后勤与装备资源使用效益。通过后勤与装备管理优化分析，能够瞄准后勤与装备管理目标，根据行动准则，从尽量满足后勤与装备管理需求出发，给出后勤与装备资源的配置与使用方案，实现资源的充分合理利用，将后勤与装备资源潜能更好地转化为保障实力，提升资源的使用效益。

（2）提高后勤与装备管理决策水平。后勤与装备管理优化分析能够为指挥员提供科学的管理决策方法，使之在定下决心和制订后装管理行动方案计划时，能够及时给出更加科学合理的应对策略，进而提高后勤与装备管理决策水平。

（3）节省后勤与装备管理成本。通过后勤与装备管理优化分析，可以运用较少的军事资源和较短的时间达到既定的保障目标，从而节省后勤与装备管理成本。

二、方法分类

随着军事科学的发展及各国对后勤与装备管理优化问题的日益重视，产生了大量的后勤与装备管理优化分析问题。常见的主要有后勤与装备管理资源优化分析、后勤与装备管理路径优化分析、后勤与装备管理网络计划分析、后勤与装备管理工作排序优化等。具体涉及的优化方法包括线性规划方法、最短路径法、网络计划方法、最优排序方法等，当然比较复杂的优化方法还有神经网络法、遗传算法、模拟退火算法、蚁群算法等。

后勤与装备管理资源优化分析主要是考虑在既有资源总量约束情况下，如何合理地配置和使用资源，使其能够发挥最大的后装保障效益；后勤与装备管理路径优化分析是围绕后装保障的目标，对保障行动路径进行合理规划，以较少的时间或经费成本实现既定目标；后勤与装备管理网络计划分析主要是对复杂的后装保障活动进行合理组织安排，使保障活动高效完成；后勤与装备管理工作排序优化问题主要是对相应的后装保障具体工作先后顺序进行优化调整，从而在保证完成任务的前提下，使总花费时间最少。

第二节　后勤与装备管理优化的一般步骤

后勤与装备管理优化分析通常按照以下步骤展开。

1. 确定优化目标

后勤与装备管理优化分析是围绕一定的优化目标展开的，确定优化目标是优化分析首要解决的问题。在不同的后勤与装备管理活动中，其优化目标也不尽相同。优化问题从目标数量上可分为多目标优化和单目标优化。优化目标通常可分为三种类型：一是最大化；二是最小化；三是合理化。最大化的目标往往对应保障效益最大等问题，最小化的目标往往对应时间最短、人员最少、成本最低等问题，合理化的目标往往对应恰好合适、刚好满足需求、合理的时机等问题。不同类型的目标也可相互转化。

2. 分析优化影响因素

由于后勤与装备管理活动的复杂性，造成影响优化问题的因素也很复杂。在分析优化影响因素时，要以优化目标为着眼点，既要充分考虑军事物资、武器装备、作战力量、保障力量数量质量等静态因素，还要考虑后勤与装备保障过程中敌我力量部署与运用、时间空间变化、力量及资源的补充与减少等动态因素，以及保障方式方法、保障规则等规律因素。在此基础上，还要分析这些因素之间的关系和耦合机理。

3. 建立优化模型

在对目标及影响因素进行分析的基础上，进行量化分析，选取合适的优化方法，设置变量，建立方程，构建优化模型。一般情况下，优化模型通常包括变量、约束条件、目标函数等要素。变量是指优化问题中待确定的某些量；约束条件是指对变量的限制，包括资源约束、时间约束、关系约束等；目标函数是对优化目标按照评价标准进行的数学表达。建立优化模型之后，需要对其进行求解。

4. 得出优化结论

根据求解优化模型得出的解，对应原问题相关表述，给出优化结论。当然，优化的过程也是一个发展的过程，需要不断地修正完善，才能给出科学准确的优化结论。

第六章　后勤与装备管理评价基础理论

公共管理理论认为，公共组织的动力主要有两个方面的来源：一是组织的使命与组织成员对使命的认同；二是建立在科学基础上的评价或评估。也就是说，评价或评估是公共组织提升绩效的一个重要动力来源。正因为如此，世界上无论是哪个国家和哪一级公共组织，都把评价或评估作为管理的一个核心工具而大抓特抓。事实上，我军后勤与装备管理，也早已把评价作为一个重要抓手，在各个领域普遍使用和广泛开展。

第一节　后勤与装备管理评价的基本概念

一、定义

评价一词最初来源于商业领域，原意是指买卖双方之间对商品的价值或价格讨价还价的过程，在《宋史·戚同文传》中，就有"市物不评价，市人知而欺"的记载。说的是宋朝有个叫宗翼的人，隐而不仕，受人尊敬，他到市场去买东西，虽然从来不讨价还价，但那些卖东西的人非常尊敬他，因此也从不抬高价格，故意欺骗，而是按照实价并且足斤足两卖给他。这是"评价"一词的原意。

后来人们把它引申发展为：对人或事物的价值（也包括意义、质量、功效、地位、作用、属性、状态等）作出评定和判断的过程。

评价一词在不同场合或不同学科领域有不同的称谓。组织专家对一项或几项科研成果的评价称为鉴定，组织对人的评价称为考核，医生对病人病情的评价称为诊断等。

评价与决策既相互联系又相互区别。联系表现在对诸多可行方案的优选过程中必然要通过评价来实现；区别则主要表现在如下几个方面：决策是面向未来的一项实践活动，而评价则不一定，因为它还包括事后评价；决策通常是一种领导行为，评价除此之外还可以是专家或群众行为；决策的核心任务是选择，而评价的核心任务在于对事物的准确度量；决策时要求必须有两个以上可行方案，而评价对象可以是一个或多个；决策要求对可行方案必须进行排序，而评价则未必如此，有时分出等级、给出评语即可。

将评价工作置于整个后勤活动当中来考察，其所具有的功能包括：一是导向功能。通过评价，可以将有关单位或人员的行为方向，有效引导到评价内容和管理目标上来，换言之，评什么、怎么评，将有力引导管理客体做什么和怎么做。二是诊断功能。通过评价，能够对管理客体或评价对象有比较全面客观的认识，发现其存在的问题和薄弱环节，为其进一步提高自身的能力与水平提供有针对性的依据。三是激励功能。通过评价，尤其是管理客体之间的横向比较，可激励各有关单位或人员积极进取、奋发向上的精神，有利于形成"比学赶帮超"的良好氛围。四是反调功能。通过评价，不但可以影响管理客体的行为，而且还可以获得必要的反馈信息，使管理主体发现自身在实施计划、决策方案乃至管理目标等方面存在的问题，从而对其加以调整和改进。

评价指标体系构建，是后勤与装备管理评价的一项最基础、最重要的工作。评价工作能否顺利实行，评价结果是否正确，是否能够达到预期的评价目的，很大程度上取决于设计科学、合理的评价指标体系。评价指标体系是由评价内容分解出来的、能够反映评价对象不同本质特征的一系列指标所构成的有机整体。理解这个概念，需要把握住以下三组关键词句。

（1）"一系列指标"。这里边的一系列指标，从量化的角度看，它一共可分为两大类：一类是定量指标；另一类是定性指标。定量指标是指能用一定计量单位和方法描述的指标，定性指标是指难以用一定计量单位和方法描述的指标（确实无法量化的指标和量化成本太高的指标）。定量指标按照指标的极性方向，又可进一步分为正向指标、逆向指标和适度指标。正向指标是指取值越大越好的定量指标，如企业的产值、利润等；逆向指标是指取值越小越好的定量指标，如交通事故率、人员昼夜发病率、文章校对差错率等；适度指标是指取值越接近某个点（区间）越好而离其偏差越大越差的定量指标，如人的身高、体重、血压、体温等。需要说明的是：指标的极性一定是相对具体评价问题而言的，同一个指标在不同评价问题当中，其正逆性有时是不一样的。如身高，对于选拔或评价一名篮球运动员、排球运动员来说，它是正指标；而对于选拔或评价一名体操或举重运动员来说，则是逆指标。

（2）"评价指标是由评价内容分解出来的"。评价指标体系是评价内容的载体和外在表现形式，它在整个评价系统中，主要是起到一个抓手作用，或者说评价指标体系主要用于解决评价具体评什么的问题，因此，它一定是由评价内容分解出来的，是评价内容的具体化、行为化。

（3）"有机整体"。指标体系是由一系列指标所构成的有机整体，这个有机整体一共由七个要素组成，即各指标名称、内涵、导向、考察重点、考察方式、计量方法和指标体系的总体结构形式等。

常用的评价指标体系总体结构形式主要有平铺式结构和树状结构两种。平铺式结构，整个指标体系只有一个层次，没有往下再分。这种结构通常适用于评价内容比较简单、评价指标数量较少的情形。树状结构，指标体系存在多个层次，这种结构通常适用于评价内容比较综合、复杂的情形。

二、特点

与其他任何一项工作一样，评价工作也有许多鲜明的特点。

1. 构成要素复杂

从系统的角度看，评价活动作为一个复杂的系统，它主要由评价目的、评价主体、评价对象、评价内容、评价标准、评价方法和评价结果七个要素组成。其中，评价目的，即解决"为什么评"的问题；评价主体，即解决"谁来评"的问题；评价对象，可以是个人、组织，也可以是事或者物，主要解决"评价谁"的问题；评价内容，包括具体评价指标或评价项目，主要解决"评什么"的问题；评价标准，包括评价等级设置及其详细要求和具体规格的界定，主要解决"依据什么评"的问题；评价方法，包括评价的技术方法和组织实施方法，主要是解决"怎么评"的问题；评价结果，即通过评价所得出的结论是什么，从定量的角度看，其具体形式可以是绝对分数、相对次序、评定等级或由这三者组成的混合形式。

这七个要素中的每一个都是一个集合量，皆具有层次性和可分解性。比如评价对象，在后勤与装备管理工作中，无论哪项评价，其评价对象都往往不止一个，而是一个群体；再如评价内容，不管是对谁进行评价，其评价内容也往往不止一项，而是多项。

2. 实施综合困难

系统评价往往是基于多个指标、多个对象、多个主体的综合性评价，评价指标的性质（定性或定量）、计量单位和取值范围，以及评价对象的现实水平、评价主体的主观意见等，都可能存在较大差异，得出一个比较准确的综合性评价结论比较困难。

3. 存在主观因素

为什么存在主观因素？第一，从评价对象看，评价对象多数属于"黑箱"，由于其自身结构、性质和状态的复杂性，即使主观上不存在任何偏见，想把它认识清楚，想一碗水端平，客观上也很难真正做到绝对的准确。第二，从评价主体看，评价主体是具有主观意识的人。评价指标、评价标准、评价方法等都是人来制定、掌握和控制的，受能力水平、立场观点、兴趣爱好等因素的影响制约，人在评价任何一个事物的时候，都不可避免地会带有一定的主观色彩。别说其他评价，就是竞技体育这样看似最公平的竞赛，也难免做到绝对客观准确。第三，从评价的本质看，评价本身是一种价值判断。而非事实判断。事实判断主要判定一个东西"是什么"，而价值判断主要判定一个东西"好不好"。事实判断的标准是客观的，其结论不会因人而异，而价值判断则往往具有很强的主观性，不同的人甚至同一个人在不同时期对于同一事物，往往会做出不同的判断。

4. 结果影响力强

将评价工作置于整个后勤与装备管理活动当中来考察，其结果的影响力是非常重要的：一是导向性。通过评价，可以将有关单位或人员的行为方向，有效引导到评价内容和管理目标上来，换言之，评什么、怎么评，将有力引导管理客体做什么和怎么做。二是诊断性。通过评价，能够对管理客体或评价对象有比较全面客观的认识，发现其存在的问题和薄弱环节，为其进一步提高自身的能力与水平提供有针对性的依据。三是激励性。通过评价，尤其是管理客体之间的横向比较，可激励各有关单位或人员积极进取、奋发向上的精神，有利于形成"比学赶帮超"的良好氛围。四是反调性。通过评价，不但可以影响管理客体的行为，而且还可以获得必要的反馈信息，使管理主体发现自身在实施计划、决策方案乃至管理目标等方面存在的问题，从而对其加以调整和改进。从某种意义上讲，评价还是为决策服务的。决策制定过程中对方案的优选需要评价，决策执行过程中对决策目标偏差的调控需要评价，决策实施后，对于决策效果的优劣需要评价，所以，评价影响决策的制定、执行、调控和延续。从实践的角度看，评价事关一项政策延续或中断，评价结果事关一个单位的建设与发展，也关系到一个人的前途和命运。正因为评价结果影响巨大，所以尽管评价工作本身比较复杂，并且存在主观因素，但还要千方百计提高评价精度，力求对事物做出最客观的评价。

第二节 后勤与装备管理评价的基本原则与一般步骤

一、基本原则

评价是一项很严肃、很复杂的工作，在后勤管理中开展评价工作，一般应遵循下列一些原则。

（1）必要性原则。评价往往是一项成本较高管理活动。在后勤工作中，开展评价活动，应当有一个基本的出发点或立足点，这个出发点不应当建立在主观臆断之上，而应该建立在客观需要之上。进一步讲，开展评价活动，要有明确的目的性和针对性，要以是否有利于推动本单位的全面建设、是否有利于管理目标的实现为衡量标准。不然，就是没有意义的工作，甚至说是劳民伤财。

（2）方向性原则。评价工作要坚持正确的方向与导向，不能偏离军委和总部规定的基层后勤建设目标和改革方向，在评价内容、评价标准等方面要保持与国家、军队的有关要求相一致，总体上不能随意删减或增加评价内容、提高或降低评价标准。

（3）客观性原则。在评价过程中必须坚持实事求是，以真实的信息为基础，依托科学的评价理论、指标、标准、方法和程序，对评价对象作出相对准确的评价，保证评价结果的客观性、公正性。否则，必然打击被评价者的积极性，不利于后勤的建设发展。

（4）可行性原则。评价标准要具体而明确，便于评价主体把握；评价程序严谨而简单；评价手段先进而易行，尽量减少评价对象、评价主体和主管部门等诸参与者的劳动。

（5）一致性与差异性相结合原则。在评价过程中，要努力做到评价指标与评价目的相一致、评价对象和评价主体相一致。不同性质、类型、层次的评价对象，要用不同的评价内容和评价标准去衡量。

（6）精确性与模糊性相结合原则。针对不同的评价内容采取不同的评价方法。对易于量化的内容利用精确的评价方法处理、不易量化的内容利用模糊评价方法处理。

（7）静态性与动态性相结合原则。评价过程中，既要考察评价对象的现实状态水平，又要分析其历史状况和彼此之间客观存在的基础差异。

（8）检查性与指导性相结合原则。评价是手段而不是目的。因此，评价过程中既要发挥评价的检查、诊断功能，又要充分依据评价结果及时指导被评价单位的后勤管理工作。脱离评价的指导是盲目的指导，没有指导的评价是毫无疑义的评价。

二、一般步骤

任何一种定量评价方法不管怎样的不同，在建立评价指标体系之后都必须回答如下三个问题：如何确定各指标的权重、如何使评价指标标准化，以及在单项指标评价基础上如何对评价对象作出综合评价。对此，将在方法篇中分别进行研究和探讨。

方　法　篇

第七章　后勤与装备管理定量预测方法

第一节　后勤与装备管理移动平均预测法

后勤与装备管理移动平均预测是利用时间序列资料进行短期预测的一种方法，主要研究后勤与装备管理领域预测对象随时间变化规律的问题，其基本思想在于：除一些不规则变动外，过去的后勤与装备管理时间序列数据存在着某种基本形态，假设这种形态在短期内不会改变。

一、移动平均预测的实施步骤

如果能够建立一个关于预测对象的时间序列，就可以使用移动平均预测方法对事物的未来发展进行预测，这里所要建立的时间序列（以下简称时序），是指同一事物（预测对象）按时间顺序排列的一组历史观测值。另外，之所以用"移动平均"这个词，是因为它以预测对象最近连续 N 期的观测值的算术平均值作为下一期的预测值，即

$$\hat{x}_{t+1} = \frac{x_1 + x_2 + \cdots + x_{t-N+1}}{N} \quad (t = N+1, N+2, \cdots, n) \qquad (7-1)$$

式中：$\hat{x}_{t+1}$ 代表预测对象第 $t+1$ 期的预测值；$x_1, x_2, \cdots, x_{t-N+1}$ 代表预测对象最近连续 N 期的观测值；n 代表已知观测值的个数；N 为平均期数。

假设预测对象有 n 个时期的历史观测数据，则移动平均法的实施步骤如下：

（1）从 $1 \sim n-1$ 依次取平均期数 N（也可以选取其中几个），分别计算相应观测值的各个预测值（用预测对象最近连续 N 期的观测值的算术平均值作为下一期的预测值）。

（2）计算当平均期数 N 取每一个值时，预测对象各期观测值和预测值之

间的均方误差。

（3）根据不同的平均期数所产生的均方误差，选取其中最小者作为最佳平均期数，并把相应的结果作为预测对象的最终预测值。

二、移动平均预测的应用举例

例 7 – 1　某部队 2010—2020 年的相关经费支出情况如表 7 – 1 所示，表中的数据就构成了一个时间序列。为增强经费预算管理的计划性，问如何根据表中的这些历史数据，比较准确地预测出该部队 2021 年的经费支出数额。

表 7 – 1　某部队 2010—2020 年的相关经费支出情况

年份/年	2010	2011	2012	2013	2014	2015	2016	2017	2018	2019	2020
时期	1	2	3	4	5	6	7	8	9	10	11
经费支出/百万元	46	50	59	57	55	64	55	61	45	49	46

解决上述问题，其中一个最简单的办法，就是把该部队过去 11 年的经费支出数额相加再除以 11，得到一个平均值 53.36，用这个平均值作为该部队 2021 年经费支出的预测值，这样做看上去也有一定的道理，但是它反映不出经费支出随时间的变化情况，更何况在 2010 年的物价水平及供应标准下的经费支出数值，对十几年以后的经费支出的影响应该是非常小的。因此，严格地讲，用简单算术平均的方法来预测是不科学的，而采用移动平均法来进行预测则是一种相对科学和可行的办法。

进一步，"移动"两字蕴含了每当得到最近时期的数据，就立即把最老的那个时期的数据（观测值）剔除掉，重新计算出一个新的平均值，作为下一时期的预测值。依此法则就能计算出一连串的平均数。

仍以上面的问题为例，如果取平均期数 $N = 1$，那么，由式（7 – 1）可知，预测对象上一年的观测值实际上就是其下一年的预测值。这样，该部队 2011—2021 年经费支出的预测值就分别为 46、50、59、57、55、64、55、61、45、49、46（单位：百万元）。

如果取平均期数 $N = 3$，那么，该部队 2013 年经费支出的预测值就是 2010—2012 年最近三期观测值的平均值，即

$$\hat{x}_4 = \frac{46 + 50 + 59}{3} = 51.67$$

丢掉 2010 年的数据后，2014 年的预测值为 2011—2013 年最近三期观测值的平均值，即

$$\hat{x}_5 = \frac{50 + 59 + 57}{3} = 55.33$$

类似地，可以计算出 2015—2021 年的预测值，分别为 57、58.67、58、60、53.67、51.67、46.67（单位：百万元）。

如果取平均期数 $N = 6$，那么，该部队 2016 年经费支出的预测值就是 2010—2015 年最近六期观测值的平均值，即

$$\hat{x}_7 = \frac{46 + 50 + 59 + 57 + 55 + 64}{6} = 55.17$$

类似地，可以计算出 2017—2021 年的预测值，分别为 56.67、58.50、56.17、54.83、53.33（单位：百万元）。

将 $N = 1$、$N = 3$、$N = 6$ 时求得的预测值汇总如表 7-2 所列。

表 7-2　$N = 1$、$N = 3$、$N = 6$ 时求得的预测值汇总表

单位：百万元

年份/年	时期	经费支出	预测值（$N = 1$）	预测值（$N = 3$）	预测值（$N = 6$）
2010	1	46			
2011	2	50	46		
2012	3	59	50		
2013	4	57	59	51.67	
2014	5	55	57	55.33	
2015	6	64	55	57	
2016	7	55	64	58.67	55.17
2017	8	61	55	58	56.67
2018	9	45	61	60	58.50
2019	10	49	45	53.67	56.17
2020	11	46	49	51.67	54.83
2021			46	46.67	53.33

三、移动平均预测的注意事项

应用移动平均预测时，需要把握平均期数 N 的取值。就上例来说，平均期数 N 可以取 $1 \sim 11$ 之间任意整数。但从表 $7-2$ 中可以看出，当平均期数 N 取不同值时，最后的预测结果具有一定差别。进而，需要进一步讨论平均期数 N 取什么数的时候预测效果最好。

概略地说，平均期数 N 可以根据时序的波动情况来决定。如果时序整体波动较小，则 N 通常可以取得大一些；如果时序整体波动较大，则 N 一般应取的小一些，否则将适应不了时序的变化。

若想比较精确地确定最佳平均期数，则要根据整个观测值和预测值之间的均方误差来判定。为此引入均方误差的概念。

设 $x_1, x_2, \cdots, x_n$ 为预测对象关于时间的一组历史观测值（时间序列），$\hat{x}_1, \hat{x}_2, \cdots, \hat{x}_n$ 分别为与之相对应的预测值，则这组预测值的均方误差可通过下列公式计算出来：

$$E_i = \frac{1}{n - N} \sum_{i=N+1}^{n} (x_i - \hat{x}_i)^2 \qquad (7-2)$$

显然，均方误差 E 的值越小，说明预测精度越好；反之，E 的值越大，说明预测精度越差。下面利用均方误差来确定本例中的最佳平均期数。

当 $N=1$ 时，由表 $7-2$ 和式 $(7-2)$ 得：

$$\begin{aligned}
E_1 = \frac{1}{10}[&(50-46)^2 + (59-50)^2 + (57-59)^2 + (55-57)^2 + (64-55)^2 \\
&+ (55-64)^2 + (61-55)^2 + (45-61)^2 + (49-45)^2 \\
&+ (46-49)^2] = 58.40
\end{aligned}$$

同理，当 $N=3$ 时，$E_3 = 47.37$；当 $N=6$ 时，$E_6 = 66.08$。

由于 $E_3 < E_1 < E_6$，因此，应选取 $N=3$ 为最佳平均期数，相应预测结果即该部队 2021 年伙食支出数额预计为 46.67（百万元）。

移动平均法的优点是计算比较简单，但是要保存的历史数据比较多。另外，它只能用于历史数据变化比较平稳的时间序列，当时间序列的基本数据变化较大时，移动平均法不能很快适应这种变化，预测误差增大。因此该法通常适用于短期预测。

第二节　后勤与装备管理趋势外推预测法

后勤与装备管理趋势外推预测也是一种以时间为自变量的预测方法。这种方法假定后勤与装备管理领域过去的发展趋势将延伸到未来，根据这种趋势对后勤与装备管理的历史观测值进行分析，找到其随时间的变化规律，建立一个时间序列模型，然后进行外推，便可预测该事物未来某一时期的数据和发展趋势。

相对其他预测方法而言，趋势外推预测法的计算量较大，为此，这里我们结合专用计算机软件（SPSS 软件）并通过一个具体实例来介绍该方法的实施程序。

一、趋势外推预测的常用模型

模型是所研究对象的数学描述，能够反映时间序列变化规律的数学模型很多，通常使用的有以下几种。

直线趋势模型：$y = b_0 + b_1 t$。

非线性趋势模型：

（1）二次曲线模型：$y = b_0 + b_1 t + b_2 t^2$。

（2）三次曲线模型：$y = b_0 + b_1 t + b_2 t^2 + b_3 t^3$。

（3）对数曲线模型：$y = b_0 + b_1 \ln t$。

（4）幂函数曲线模型：$y = b_0 t^{b_1}$。

（5）双曲线模型：$y = b_0 + b_1 \dfrac{1}{t}$。

（6）生长（S）曲线模型：$y = \dfrac{L}{1 + b_0 e^{-b_1 t}}$。

以上各式中：y 代表预测对象；t 代表时间；$b_i (i = 0, 1, 2, 3)$ 为常数；L 为 y 的极限值。

二、趋势外推预测的应用举例

例 7 - 2　某部 2013—2021 年某物资消耗量如表 7 - 3 所示，试根据该表中的数据预测该部 2022 年的物资消耗量。

表 7 – 3　某部 2013—2021 年某物资消耗量

年份/年	2013	2014	2015	2016	2017	2018	2019	2020	2021
时期	1	2	3	4	5	6	7	8	9
油料消耗/kg	636.72	720.06	812.57	934.7	1076.7	1212.9	1442.0	1707.8	1898.0

解：

（1）绘制散点图。将表 7 – 3 中的数据录入软件，并利用软件绘制散点图如图 7 – 1 所示。

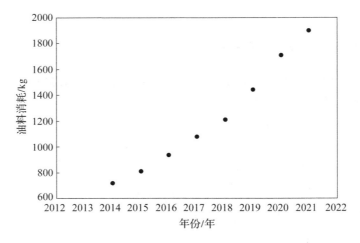

图 7 – 1　散点图

（2）模型初选。趋势外推预测法的关键在于预测模型的选择。预测对象随时间的变化趋势，通过散点图直接观察，往往很难精确确认它是某种模型，而只能粗略看出它与哪几个已知曲线模型比较接近。通常先初选几个曲线模型，等到进行模型分析后再确定预测模型。常用的曲线模型有以下几种：根据图 7 – 1 直观判断，无法具体确定采用何种曲线模型，但通过观察与比较，其变化趋势大体上与直线、二次曲线和指数曲线都比较类似，故初选这几种曲线模型。利用 SPSS 软件分别求得其拟合结果如图 7 – 2 所示。

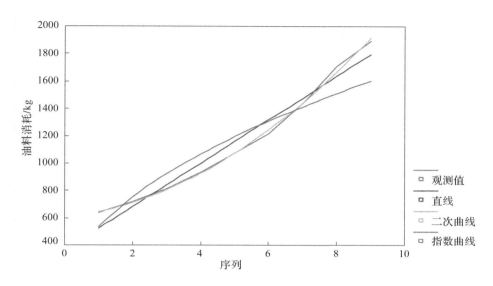

图 7 - 2　利用 SPSS 软件分别求得其拟合结果（彩图见插页）

（3）确定模型。对于以上初选的四个曲线模型，需要从中选出一个拟合程度相对较好的作为后勤与装备物资需求量的预测模型。为此，可通过相关系数的大小对各种曲线的拟合程度进行判别，进而确定出所需要的曲线模型。利用 SPSS 软件求得四个曲线模型的有关参数如表 7 - 4 所示。

表 7 - 4　利用 SPSS 软件求得四个曲线模型的有关参数

Independent：Time								
Dependent	Mth	Rsq	d. f.	F	Sigf	b_0	b_1	b_2
油料消耗	LIN	0.966	7	195.95	0.000	364.711	159.090	
油料消耗	**QUA**	**0.998**	**6**	**1439.44**	**0.000**	**600.573**	**30.4383**	**12.8652**
油料消耗	POW	0.890	7	56.77	0.000	532.719	0.5016	
油料消耗	EXP	0.997	7	2759.58	0.000	541.447	0.1395	

从表 7 - 4 中可以看出，二次曲线（QUA）的相关系数（Rsq）为 0.998，在四个曲线模型的相关系数中最大，即其与历史数据的拟合程度最好，因此，可选择该曲线为物资消耗量的预测模型。

将相应的参数 $b_0 = 600.573$，$b_1 = 30.4383$，$b_2 = 12.8652$ 代入二次曲线的表达式中，得到物资需求消耗量的趋势预测模型为 $y = 600.573 + 30.4383t + 12.8652t^2$。

（4）实施预测。当趋势预测模型建立之后，就可以把相应的时间变量（时期序号）代入表达式中进行预测。

当 $t = 10$ 时，$y = 600.573 + 30.4383 \times 10 + 12.8652 \times 10^2 (kg)$，即该部 2022 年的物资消耗量预计为 2191.476kg。

需要说明的是，趋势外推是一种时序预测方法，通常用于影响预测对象的因素错综复杂或有关影响因素数据资料无法得到的情形。另外，在使用趋势外推法进行预测时，预测的超前时间一般不应超过占有可靠数据时间的三分之一。否则，将会影响预测结果的精度。

第三节　后勤与装备管理相关与回归分析预测法

因果关系是客观事物之间普遍存在的一种关系，它包括确定性关系和非确定性（相关关系）两种类型。确定性关系，如圆的面积与半径之间的关系、汽车行驶路程与其平均行驶速度和行驶时间的关系等。这种因果关系变量之间呈现出明显的规律性，并可以用某种确定的函数关系式来表达。非确定性或相关关系，如商品的销售量与价格之间的关系、物质消耗量与作战规模之间的关系，以及国防费和国民经济收入之间的关系等。这种因果关系变量之间没有呈现出明显的规律性，难以用某种确定的函数关系式精确表达，而只能通过对大量观察数据的统计处理，才能找到它们之间的规律性。回归分析则正是通过对观察数据的统计分析和处理，研究事物之间非确定性或相关关系的一种方法和工具。

回归分析是基于因果原理的一类预测方法的总称。其按影响因素或自变量的个数有一元和多元之分，按变量间的关系又有线性和非线性之别。一元线性回归分析是其中最基本、最简单的预测方法，一元线性回归是指因变量与自变量之间呈一种线性关系或因变量按线性关系依存于自变量，并且自变量只有一个。其预测模型的一般形式为 $\hat{y} = a + bx$（式中：x 为自变量；$\hat{y}$ 为因变量 y 的预测值；a、b 为回归系数）。

在直角坐标系中 $\hat{y} = a + bx$ 为一条直线，其中，a 代表截距，b 代表斜率（图 7-3）。

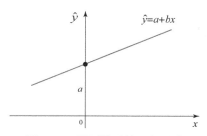

图7-3 预测模型的一般形式

下面，以一元线性回归分析为例，介绍相应的实施步骤。

一、一元线性回归预测的实施步骤

1. 线性相关关系判断

因变量和自变量之间具有显著的线性相关关系，这是应用一元线性回归预测方法的前提。在因变量和自变量一组观测数据已知的基础上，判断因变量和自变量之间线性关系的基本方法主要有两种，即散点图法和相关系数法。

（1）散点图法。根据已知观测数据在直角坐标系中画出散点图，然后通过散点图观察因变量和自变量之间的是否具有线性相关关系。

值得注意的是，利用散点图法判断因变量和自变量之间的线性相关关系，所得出的结论只是初步或粗略的，更精确的还要通过相关系数法来判断。

（2）相关系数法。即通过已知观测数据计算出因变量和自变量之间的相关系数，然后与相应的临界值作比较：当算得的相关系数大于相应的临界值时，则认为因变量和自变量之间具有显著的线性相关关系，反之，则不然。相关系数的计算公式为

$$r = \frac{n\sum x_i y_i - \sum x_i \sum y_i}{\sqrt{\left[n\sum x_i^2 - (\sum x_i)^2\right]\left[n\sum y_i^2 - (\sum y_i)^2\right]}} \qquad (7-3)$$

式中：r 称为相关系数；n 为已知观测值的个数；$x_1, x_2, \cdots, x_n$ 为自变量 x 的已知观测数据；$y_1, y_2, \cdots, y_n$ 为自变量 y 的已知观测数据。

相关系数是描述因变量和自变量之间线性相关关系强弱的统计量，理论上可以证明 $0 \leqslant |r| \leqslant 1$。当 $r = 1$ 时，称 x 和 y 之间正完全相关；当 $r = -1$ 时，称 x 和 y 之间负完全相关；当 $0 \leqslant r \leqslant 1$ 时，称 x 和 y 之间正相关；当 $-1 < r < 0$ 时，称 x 和 y 之间负相关；当 $r = 0$ 时，称 x 和 y 之间零相关，如图7-4所示。

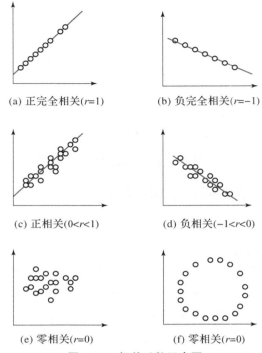

(a) 正完全相关($r=1$)   (b) 负完全相关($r=-1$)

(c) 正相关($0<r<1$)   (d) 负相关($-1<r<0$)

(e) 零相关($r=0$)   (f) 零相关($r=0$)

图7-4　相关系数示意图

2. 计算回归系数

计算回归系数是建立回归模型的一个重要步骤，通常采用最小二乘法来进行计算，具体计算公式为

$$a = \frac{\sum y_i - b \sum x_i}{n} \tag{7-4}$$

$$b = \frac{n \sum x_i y_i - \sum x_i \sum y_i}{n \sum x_i^2 - (\sum x_i)^2} \tag{7-5}$$

3. 列出回归模型

把通过最小二乘法求出的回归系数代入一元线性回归预测模型的一般式，得到：

$$\hat{y} = a + bx \tag{7-6}$$

4. 利用模型预测

利用模型预测可分为两种情况：一个是通过自变量的已知值，求因变量的预测结果；另一个有时也可能是通过自因变量的已知值，反求自变量的预测结果。同时，这里的预测结果可以是一个值，称为点估计，也可以是一个区间，称为区间估计。

二、一元线性回归预测的应用举例

例 7 – 3　某部对所属 8 个单位同类车辆的年行车公里数与车辆完好率之间进行了统计（表 7 – 5）。试预测年行车 60 万千米时，该种车辆的完好率。

表 7 – 5　某部所属 8 个单位同类车辆的年行车公里数与车辆完好率

单位	1	2	3	4	5	6	7	8
车辆完好率/%	95	93	93	91	89	87	87	85
年行车公里数/万	40	42	43	45	48	49	50	52

解：设年行车公里数为自变量 x，车辆完好率为因变量 y，对表 7 – 5 中的数据作散点图，如图 7 – 5 所示。

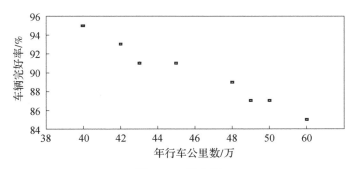

图 7 – 5　散点图

从图 7 – 5 中可以初步看出因变量与自变量之间基本呈线性关系。下面利用相关系数法对其作进一步判断。

由式（7 – 3）求得相关系数 $r = -0.9937$，故 $|r| = 0.9937$。当 $n = 8$ 时，查相关系数临界值表得：$|r_0| = 0.7067$。显然 $|r| > |r_0|$，所以，因变量和自变量之间具有显著的线性关系，可以建立一元线性回归分析模型，并利用其进行预测。

根据表 7 – 5 中的数据，利用式（7 – 4）、式（7 – 5），经计算求得回归系数 a 和 b 的值分别为 $a = 128.1730$、$b = -0.8276$。将回归系数 a 和 b 的值代入

一元线性回归预测模型的一般式，求得预测模型为

$$\hat{y} = a + bx = 128.1730 - 0.8276x \qquad (7-7)$$

将 $x = 60$ 代入式（7-7）得

$$\hat{y} = 128.1730 - 0.8276 \times 60 = 0.7852$$

即当年行车为 60 万千米时，该种车辆的完好率预计为 78.52% 左右。

在使用一元线性回归分析预测法时应当注意的问题，一是观测数据的数量不能太少，否则无法消除偶然性。同时应事先去掉其中的个别"奇异值"或异常值。二是当自变量或因变量的观测数据的值较大时，为计算方便，可以把它们变小，如均减去其中最小值等。三是当线性相关判断不符或两个变量之间呈非线性关系时，有的可用变量替换的方法将其转换为一元线性关系问题，有的需要根据散点图改用其他模型进行预测。

第八章　后勤与装备管理定量决策方法

为使决策科学有效，后勤与装备管理中的决策活动离不开定量分析，而一般定量决策问题包括三个基本要素：行动方案、自然状态和损益函数。

首先，任何决策问题都必须具有两个或两个以上的行动方案，只有一个方案就无须决策。其次，任何决策问题，无论采取何种方案，都面临着一种或几种自然状态。所谓自然状态是指决策中决策者无法控制的所有因素，通常用 $S_j(j=1,\cdots,n)$ 表示某一具体的自然状态，用 $S=(S_1,S_2,\cdots,S_n)$ 表示自然状态集，$S_1,S_2,\cdots,S_n$ 构成完备事件组。第三，在某一具体状态下，选择某一具体的行动方案，必然会生产相应的效果。设在状态 S_j 下，选择方案 A_i 时，则其产生的效果可用函数 $r_{ij}=R(A_i,S_j)$ 来表示，该函数称为益损函数或损益函数。根据决策者的目标，益损函数可以描述收益，也可以描述损失，其取值就是益损值或损益值。

根据自然状态的个数及对各个自然状态发生概率的信息了解，决策问题可以分为确定型决策、风险型决策和不确定型决策，它们之间是相互联系的。

第一节　后勤与装备管理确定型决策方法

一、确定型决策的主要特征

确定型决策问题的特点是决策者在进行选择之前已经确定了将要真实发生的自然状态，即影响决策结果的自然状态只有一个，且不同方案在这个自然状态下的益损值可以确定；风险型决策问题是决策者无法确知将来哪个自然状态一定出现，但他能够给出各种可能出现的自然状态，还可以给出各种状态出现的概率，通过设定概率分布来量化决策的不确定性；不确定型决策问题是指决策者只知道有哪些自然状态可能出现，而对各种自然状态出现概率的大小一无所知。这三种决策问题在自然状态发生不同变化时可以互相转化，即自然状态发生的概率是 1 时就是确定型决策，若这个概率不知道多少就是不确定型决策，概率在 0 ~ 1 之间时属于风险型决策。必须指出，在风险型决策问题中，到底会出现什么状态也是不确定的，而在不确定型决策问题中作出决策也是要冒风险的。不确定型决策和风险型决策只是对决策分类的一种命名，不能单纯从其字面上去理解。两者的不同仅在于：不确定型决策其决策条件的概率分布完全无法确定，因此其不确定性更大；而风险型决策其决策条件的概率分布可以确定，相对前者而言其不确定性较小。一般来说，确定型抉策有以下主要特征。

（1）存在着决策者希望达到的一个明确的目标，如收益最大或损失最小；

（2）只有一个确定的自然状态；

（3）存在着两个或两个以上的可供决策者选择的行动方案；

（4）不同的行动方案在确定状态下的益损值可以计算出来。

二、确定型决策最优策略的获取

显然，确定型决策是指影响策略结果的自然状态只有一个，且不同策略在这个自然状态下的益损值可唯一确定的一类决策。在确定型决策中，益损值的大小仅与策略本身有关，最优策略的确定只取决于各个策略的益损值和决策目标。通常，使收益值达到最大或使损失值达到最小的策略即为最优策略。确定型决策的数学模型通常可转化为最优化模型，如线性规划模型、动态规划模型、网络规划模型等。确定型决策问题的求解主要依赖于相应的最优化方法。可以做如下描述：假设在做出某项决策时，可供决策者选择的行动方案共有 m 个（$m \geq 2$），分别记为 $A_1, A_2, \cdots, A_m$，它们构成方案集 $A = (A_1, A_2, \cdots, A_m)$。决策实施过程中影响方案执行结果的可能自然状态只有一个，方案 A_i 在这个自然状态下的益损值为 $r_i (i = 1, \cdots, m)$，它们构成决策向量 $\boldsymbol{R} = (r_1, r_2, \cdots, r_m)$。使收益值达到最大或使损失值达到最小的方案即为最优方案。

对这类问题的数学描述为（以收益值最大为例）

$$r_{i*} = \max_{1 \leq i \leq n} r_i$$

式中：r_{i*} 所对应的方案 A_{i*} 为最优方案。

例 8 - 1　某部队接到上级命令，要求通过最近的道路赶到某个山口阻击前来偷袭的敌人。行军路线有Ⅰ号路线、Ⅱ号路线和Ⅲ号路线三种情况可供选择，道路的长度分别为 250km、300km 和 430km。问该部队应选择哪一条路线作为行军路线？

解： 此时决策者的决策目标是"部队通过最近的道路赶到目的地"。可能的方案是 A_1——选择Ⅰ号路线为行军路线，A_2——选择Ⅱ号路线为行军路线，A_3——选择Ⅲ号路线为行军路线，方案集为 $A = \{A_1, A_2, A_3\}$。自然状态只有一个，即道路的长度，决策向量为 $R = (250, 300, 430)$，因而，决策者面临的是一个确定型的决策问题。

第二节　后勤与装备管理风险型决策方法

后勤与装备管理风险型决策是指在后勤与装备管理活动中，未来事件呈何种状态不能确定，但其发生的概率可知的情况下的定量决策。

为了提高决策的客观性，决策者通常需要对决策所面临的自然状态所出现的概率进行统计分析。此时，决策者虽然知道自然状态出现的概率，但仍然不知道哪种自然状态肯定会出现，因此决策仍然具有一定的风险。

在后勤与装备管理中这类决策问题较为常见，例如，在天气晴雨不定的情况下，外出行军是否带雨具的问题；武器弹药储备多少最好等问题，都是风险型决策问题。风险型决策问题的主要特征如下：

（1）存在着决策者希望达到的目标；

（2）存在着两个或两个以上不以决策者主观意志为转移的自然状态；

（3）存在着两个或两个以上的方案可供选择；

（4）可计算出各方案在不同自然状态下的损益值；

（5）对可能出现的各种自然状态，决策者不能肯定未来哪种状态会出现，但能确定它们出现的概率。

对于风险型决策问题，可以作如下描述：假设在作出某项决策时，可供决策者选择的方案共有 m 个（$m \geq 2$），分别记为 $A_1, A_2, \cdots, A_m$，它们构成方案集 $A = \{A_1, A_2, \cdots, A_m\}$。决策实施过程中影响策略结果的可能自然状态共有 n 个（$n \geq 2$），分别记为 $S_1, S_2, \cdots, S_n$，它们构成状态集 $S = \{S_1, S_2, \cdots, S_n\}$，设 p_j 为自然状态 S_j 出现的概率（$p_j > 0$，$j = 1, 2, \cdots, n$），并且满足 $p_1 + p_2 + \cdots + p_n = 1$，$P = (p_1, p_2, \cdots, p_n)$ 称为状态概率向量；设方案在状态下的收益或损失值为

$r_{ij}(i=1,2,\cdots,m;j=1,2,\cdots,n)$。它们构成的决策矩阵为 $\boldsymbol{R}=(r_{ij})_{m\times n}$。

风险型决策问题可以用表 8-1 的形式列出。

表 8-1　风险型决策问题

益损值		自然状态			
		S_1	S_2	...	S_n
		概率			
		p_1	p_2	...	p_n
方案	A_1	r_{11}	r_{12}	...	r_{1n}
	A_2	r_{21}	r_{22}	...	r_{2n}
	...	...	...	...	...
	A_m	r_{m1}	r_{m2}	...	r_{mn}

根据 r_{ij} 含义的不同，决策矩阵又称为收益矩阵或损失矩阵，或统称为益损矩阵。其中的益损值不仅与方案有关，而且与决策实施过程中遇到的自然状态有关。对于风险型决策而言，最优方案的确定不仅取决于决策矩阵，而且取决于自然状态发生的概率。

例 8-2　某部队接到上级命令，要求在最短的时间内赶到某个山口阻击长途奔袭的敌人。可供选择的行军路线有Ⅰ号、Ⅱ号和Ⅲ号三条路线，这三条路线刚刚遭到敌军的空袭，据估计每条道路受到"严重破坏"、"一般破坏"和"轻度破坏"的概率分别为 0.3，0.2，0.5。在受到不同程度破坏的条件下，部队通过各条道路所需的时间分别近似为 10，4.5，3；6.5，5，3.5；7，6，5h，问该部队应选择哪一条路线作为行军路线？

解：决策者的决策目标是"部队在最短的时间内赶到目的地"。方案集为 $A=\{A_1,A_2,A_3\}$。自然状态集 $S=\{S_1,S_2,S_3\}$，其中：S_1 表示道路受到严重破坏；S_2 表示道路受到一般破坏；S_3 表示道路受到轻度破坏。状态概率向量为 $\boldsymbol{P}=(0.3,0.2,0.5)$。决策矩阵为

$$\boldsymbol{R}=\begin{bmatrix} 10 & 4.5 & 3 \\ 6.5 & 5 & 3.5 \\ 7 & 6 & 5 \end{bmatrix}$$

因此，决策者面临的是一个风险型决策问题，上述内容可以通过表 8 - 2 列出来。

表 8 - 2　风险型决策向量

损失值		自然状态及其概率		
		$S_1(0.3)$	$S_2(0.2)$	$S_3(0.5)$
方案	A_1	10	4.5	3
	A_2	6.5	5	3.5
	A_3	7	6	5

下面讨论如何根据不同的决策准则来确定风险型决策的最优策略。

一、最大可能决策法

由概率论的知识可知，一个事件的概率越大，则该事件发生的概率就越大。最大可能准则就是在风险决策的情况下，选择一个概率最大的自然状态进行决策，而不考虑其他自然状态，这样，就将风险型决策问题变成了一个确定型的决策问题。

对于效益矩阵来说，该准则的数学描述为

$$P(S_k) = \max_{1 \leqslant j \leqslant n} \{P(S_j)\}$$

$$r^* = \max_{1 \leqslant i \leqslant m} \{r_{ik}\}$$

则 r^* 所对应的方案为所选方案。

对于损失矩阵来说，该准则的数学描述为

$$P(S_k) = \max_{1 \leqslant j \leqslant n} \{P(S_j)\}$$

$$r^* = \min_{1 \leqslant i \leqslant m} \{r_{ik}\}$$

则 r^* 所对应的方案为所选方案。

用最大可能准则对表 4 - 2 所表述的问题进行决策：

$$P(S_3) = \max_{1 \leqslant j \leqslant n} \{P(S_j)\} = 0.5$$

$$r^* = \min_{1 \leqslant i \leqslant 3} \{r_{i3}\} = r_{13} = 3$$

故应选方案 A_1 为最优方案。

最大可能决策法的实质就是将大概率事件看成必然事件，小概率事件看成不可能事件，将风险型决策问题转化成确定型决策问题的一种决策方法。但要注意的是，该方法适用于有一个自然状态的概率明显大于其他状态的概率，且收益矩阵中的元素相差不大的情况。当各自然状态的概率相差不大时，不宜使用该方法。

二、期望值决策法

所谓期望值决策法，就是求出各个行动方案的期望值，进行比较。如果决策目标是收益最大，则期望值最大的方案为最优方案；如果决策目标是收益最小，则期望值最小的方案为最优方案。

（一）最大期望收益准则

最大期望收益准则就是先计算各方案的期望收益值，然后加以比较，期望收益最大值所对应的方案为最优方案。其数学描述为

$$E(A_j) = \sum_{j=1}^{n} P(S_j) \times r_{ij} \quad (i = 1, \cdots, m)$$

$$E(A_k) = \max_{1 \leq i \leq m} \{E(A_i)\}$$

则方案 A_k 为最优方案。

（二）最小期望损失准则

最小期望损失准则就是先计算各方案的期望损失值，然后加以比较，期望损失最小值所对应的方案为最优方案，其数学描述为

$$E(A_i) = \sum_{j=1}^{n} P(S_j) \times h_{ij} \quad (i = 1, \cdots, m)$$

$$E(A_k) = \min_{1 \leq i \leq m} \{E(A_i)\}$$

则方案 A_k 为最优方案，式中 h_{ij} 表示在状态 S_j 下决策方案 A_i 的机会损失。

用最小期望损失准则对表 8 - 2 所表述的问题进行决策，各方案的期望损失值计算如下：

$$E(A_1) = 0.3 \times 10 + 0.2 \times 4.5 + 0.5 \times 3 = 5.4$$

$$E(A_2) = 0.3 \times 6.5 + 0.2 \times 5 + 0.5 \times 3.5 = 4.7$$

$$E(A_3) = 0.3 \times 7 + 0.2 \times 6 + 0.5 \times 5 = 5.8$$

$$E(A_2) = \min\{5.4, 4.7, 5.8\} = 4.7$$

故方案 A_2 为最优方案。

期望值决策法的计算分析过程可以概括如下：

（1）把每一个行动方案看成是一个随机变量，而它在不同自然状态下的

益损值就是该随机变量的取值；

（2）把每一个行动方案在不同的自然状态下的益损值与其对应的状态概率相乘，再相加，计算该行动方案在概率意义下的平均益损值；

（3）选择平均收益最大或平均损失最小的行动方案作为最佳决策方案。

三、决策树法

决策树法就是用一种树状的网络图形（决策树）进行决策分析，其决策准则是期望值准则。决策树法不仅直观形象、思路清晰，而且能很好地解决较为复杂的风险决策问题。

（一）决策树的结构

决策树的结构比较简单，它主要由决策点、机会点、结果点和方案枝、概率枝等要素组成。图 8 – 1 为决策树的简单示意图。

图 8 – 1　决策树示意图

□表示决策点。方框中的数字表示决策点的位置，从它引出的分支称为方案枝，用线段表示。为了表明方案的差别，可在线段上注明方案序号和方案内容。

○表示机会点。圆圈中的数字表示机会点的序号，从它引出的分支称为概率枝，通常用折线表示。

△表示结果点。在结果点旁，通常列出相应行动方案在不同客观状态下的益损值。

在决策树中，为讨论方便，一般把决策点和状态点按照从左向右、从上至下的顺序编号。

（二）决策树法的一般步骤

（1）绘制决策树。根据决策问题及其可供选择的方案个数，以及将会出现的客观状态，按照从左向右的顺序，依次画出决策点、方案枝、机会点、概率枝和结果点。

（2）计算期望益损值。期望益损值的计算要从右向左依次进行。根据各种客观状态出现的概率和相应的益损值，将它们相乘得到各种状态的期望益损值。当遇到机会点时，计算其各个概率枝的期望益损值之和，并将它标注在机会点的上方。当遇到决策点时，比较方案点的期望益损值大小，择其最大者标注在决策点的上方。

（3）剪枝选定方案。剪枝是方案的比较选优过程。它在前两步的基础上，从右向左对决策点的各个方案枝逐一进行比较，保留期望益损值最大的方案枝，剪掉所有比它期望益损值小的方案枝，求得最优方案。

例 8-3 如图 8-2 所示，一次战斗中，某部要求用汽车把伤员以最短的时间从甲地后送到乙地。后送路线有 1 号、2 号、3 号三条公路可供选择，所需时间分别为 4h、2h 和 2.5h。其中 2 号、3 号公路上均有桥梁，2 号公路上的桥梁距离甲地有 1h 的路程，3 号公路上的桥梁距离甲地有 0.5h 的路程。由于刚遭敌机空袭，桥梁损坏程度不明，只知道 2 号、3 号公路上桥梁的损坏概率分别为 0.3、0.4。如果遇到桥梁损坏，可以立即返回，重新选择路线，那么应该选择怎样的路线，才能实现任务目标？

方案分析：该问题有以下几种方案可供选择。

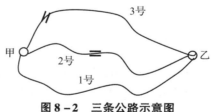

图 8-2 三条公路示意图

方案 1：走没有桥的 1 号公路，需要 4h。

方案 2：走 2 号公路，如果桥没有损坏，只需要 2h。如果桥损坏，立即返回，有两条路线可供选择：①走 1 号公路，加上原来走 2 号公路的往返 2h，共需 6h；②走 3 号公路，如桥好，共需 4.5h. 如桥坏，再返回走 1 号公路，共需 7h。

方案 3：走 3 号公路，如桥好，只需 2.5h。如桥坏，立即返回，仍有两条路线可供选择：①走 1 号公路，共需 5h；②走 2 号公路，如桥好，共需 3h，如桥坏，再返回走 1 号公路，共需 7h。

根据以上分析，我们用决策树方法进行决策。

解：

（1）绘制决策树。如图 8 - 3 所示。

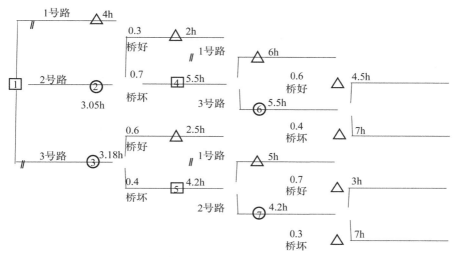

图 8 - 3　决策树示意图

（2）计算益损期望值。各节点的期望值如下：

节点⑥：$0.6 \times 4.5 + 0.4 \times 7 = 5.5$。

节点⑦：$0.7 \times 3 + 0.3 \times 7 = 4.2$。

在决策节点 4，走 1 号路需 6h，走 3 号路的期望值为 5.56h，因此。应选择走走 3 号路。

节点②：$0.7 \times 2 + 0.3 \times 5.5 = 3.05$。

节点③：$0.6 \times 2.5 + 0.4 \times 4.2 = 3.18$。

（3）剪枝选定方案。在决策点 1，选择走 2 号路线的方案较优，淘汰 1 号、3 号路线，在树干上画双截线。

最佳方案为方案 2，即走 2 号路，如果桥损坏，再返回走 3 号路，如果桥也损坏，再返回走 1 号路。

例 8 - 4　某军工厂拟生产某新型装备，但对其在部队的推广应用前景不明。根据权威机构调查研究，估计此型装备的推广应用前景好的概率为 0.6，差的概率为 0.4。生产此型装备，可采用甲、乙、丙三种生产线。甲生产线生产的该型装备，如果推广前景好，可赢利 30 万元，推广前景差，将亏损 10 万元。乙生产线生产的该型装备，如果推广前景好，可赢利 100 万元，推广前景差，将亏损 30 万元。丙生产线拟采用新技术，但该技术成功应用的概率是 0.9，不成功的概率是 0.1。如果技术成功应用，推广前景好时，可赢利 180 万元，推广前景差时，将亏损 60 万元；如果新技术应用不成功，推广前景好时，仍然还可赢利 30 万元，推广前景差时，将亏损 90 万元。

可以看出，该问题属于风险型决策，可采用期望值决策法进行分析。由于采用丙生产线时，存在多种条件假设，此时更适合用决策树方法进行求解。采用期望值决策分析方法，得到如图 8 - 4 所示的决策过程与分析结果。

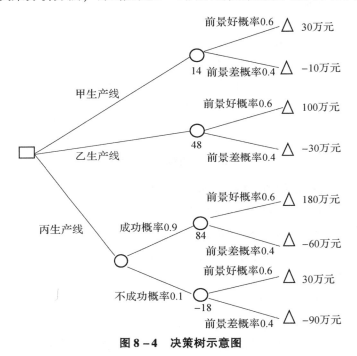

图 8 - 4　决策树示意图

从图 8 - 4 可知，采用甲生产线的期望赢利为 14 万元，采用乙生产线的期望赢利为 48 万元，采用丙生产线的期望赢利为 73.8 万元。因此，根据期望值决策法，该军工厂采用丙生产线生产该新型装备为最满意决策方案。

第三节　后勤与装备管理不确定型决策方法

后勤与装备管理不确定型决策是指在后勤与装备管理活动中，未来事件呈何种状态不能确定，其发生的概率也不能作出估计的情况下的定量决策。

在不确定型决策问题中，决策者虽然可以对未来决策实施时可能出现的决策条件的几种情况进行预测和估计，并且可以判断出可能出现的决策条件会有几种，但却无法预先判定到底哪种决策条件会出现。

决策条件的不确定性是造成决策困难的一个重要原因。首先，决策条件不确定，就难以评估和预测决策方案的效果，也就难以作出决策选择；其次，在决策条件不确定的情况下，由于各个决策方案达成决策目标的程度在不同的决策条件下具有不同的优劣排序，这样就会使决策者左右为难。

当决策条件不确定时，决策者一般来说总是力图通过进一步收集有关信息以最大限度地减小这种不确定性。例如，在后装管理决策中，如果情况不明，管理者首先是通过各种信息获取手段以查明情况，然后作出决策。但是，在很多情况下，有关未来决策条件的信息毕竟是无法完全掌握的，即关于决策条件的不确定性无法完全消除，而决策问题的时效性又要求决策者必须立即作出决策，在这种情况下，决策者就必须面对决策条件的不确定性慎重地作出决策。

假设在作出某项决策 D 时，可供决策者选择的行动方案共有 m（$m \geqslant 2$）个，分别记为 $A_1, A_2, \cdots, A_m$，它们构成策略集 $A = \{A_1, A_2, \cdots, A_m\}$；决策实施过程中影响策略结果的可能自然状态共有 n 个（$n \geqslant 2$），分别为 $S_1, S_2, \cdots, S_n$，它们构成状态集 $S = \{S_1, S_2, \cdots, S_n\}$；记方案 A_i 在状态 S_j 下的收益或损失值为 r_{ij}（$i = 1, 2, \cdots, m, j = 1, 2, \cdots, n$），它们构成决策矩阵（或益损矩阵）$\boldsymbol{R} = (r_{ij})_{m \times n}$。则决策 D 称为不确定型决策，三元组 $(A, S, \boldsymbol{R})$ 称为决策 D 的一个数学模型。

风险型决策与不确定型决策的最大区别在于前者已知各个自然状态出现的概率，而后者对于各个自然状态出现的可能性大小却一无所知。同风险型决策一样，不确定型决策中的益损值不仅与策略有关，而且与决策实施过程中遇到的自然状态有关。对于不确定型决策而言，最优策略的确定取决于决策矩阵和决策准则。

下面介绍几种常见的决策准则。为叙述简便起见，以下均假设决策矩阵为收益矩阵。

一、悲观决策准则

决策者总是从最不利的角度去考虑问题。认为不论作出什么决策，总会出现最不利的状态与之对应。这样，决策者只能对各决策方案的最小损益值进行比较，从中选择最大值对应的方案为满意方案。因此，该准则也称最大最小准则。其数学描述如下：

$$r^* = \max_{A_i \in A} \left\{ \min_{S_j \in S} R(A_i, S_j) \right\} = \max_i \min_j \{ r_{ij} \}$$

则 r^* 所对应的方案为所选方案。

二、乐观决策准则

与悲观准则相反，在该准则下，决策者总是从最有利的角度去考虑问题，认为无论采取何种决策，总会出现最有利的自然状态与之对应。这样，决策者可以对各决策方案的最大损益值进行比较，从中选择最大值，相应的方案为最优方案。其数学描述如下：

$$r^* = \max_{A_i \in A} \left\{ \max_{S_i \in S} R(A_i, S_j) \right\} = \max_i \max_j (r_{ij})$$

则 r^* 所对应的方案为所选方案。

这种决策方法是一种偏于冒险的决策方法，在客观条件一无所知的情况下，一般不宜采用这种方法进行决策。

三、折中决策准则

折中准则也称乐观系数准则，即决策者对客观条件的估计既不乐观也不悲观，主张一种平衡。通常用一个表示乐观程度的系数来进行这种平衡。其数学描述如下：

$$d_i = \alpha \max_j \{ r_{ij} \} + (1 - \alpha) \min_j \{ r_{ij} \} \quad i = 1, 2, \cdots, m$$
$$r^* = \max_i \{ d_i \}$$

则 r^* 所对应的方案为所选方案。

其中：α 为乐观系数（$0 \leq \alpha \leq 1$），当 $\alpha = 1$ 时，就是乐观准则，当 $\alpha = 0$ 时，就是悲观准则；d_i 为第 i 方案的折中损益值。

四、后悔值决策准则

该准则认为，决策者制定决策之后，如果实际情况没有达到理想的结果，决策者必后悔。该准则将各自然状态下的最大损益值确定为理想目标，将该状态下的各方案的损益值与理想值的差值称为相应方案的后悔值（或称为机会损失值），然后在各方案的最大后悔值中选择一个最小的，相应的方案为最优方案。因此，该原则也称为最小后悔值准则。其数学描述如下：

$$h_{ij} = \max\{r_{ij}\} - r_{ij} \quad i = 1,2,\cdots,m \quad j = 1,2,\cdots,n$$

$$h^* = \min_i\left\{\max_j h_{ij}\right\}$$

则 h^* 所对应的方案为所选方案。

式中：h_{ij} 为在状态 S_j 下采取方案 A_i 的后悔值；h^* 为最小最大后悔值。

五、等可能决策准则

等可能准则的思想是，各自然状态发生的可能性均相同，即若有 n 个自然状态，则每个自然状态出现的概率均为 $1/n$。这样，就可以求各方案损益值的期望值，取期望值最大所对应的方案为最优方案。其数学描述如下：

$$\mathrm{ER}(A_i) = \frac{1}{n}\sum_{j=1}^{n} r_{ij} \quad i = 1,2,\cdots,m$$

$$r^* = \max_i\{\mathrm{ER}(A_i)\}$$

则 r^* 所对应的方案为所选方案。若有几个方案的期望损益值均为最大，则需要另用悲观准则在这几个方案中选择。

式中：$\mathrm{ER}(A_i)$ 为方案 A_i 的期望损益值。

例 8-5　某艘舰艇执行海面搜索任务，搜索方案有 A_1、A_2、A_3、A_4 四种。可能出现的海情有 S_1、S_2、S_3 三种，它们分别代表 2 级浪以下、2 级或 3 级浪、4 级浪以上。四种方案在不同自然状态下对目标的发现概率如表 8-3 所列，问应选择哪种搜索方案？

表 8-3　四种方案在不同自然状态下对目标的发现概率

发现概率		状态			悲观准则	乐观准则	折中准则	等可能准则
		S_1	S_2	S_3				
方案	A_1	0.9	0.4	0.1	0.47	0.9	0.42	0.47
	A_2	0.7	0.5	0.4	0.53	0.7	0.52	0.53
	A_3	0.8	0.7	0.2	0.57	0.8	0.44	0.57
	A_4	0.5	0.5	0.5	0.5	0.5	0.5	0.50

解：

（1）按照悲观决策准则。

在各行中找出损益值最小的值，列于表 8 - 3 中第五列，然后在该列中找出最大值，对应方案为所选方案。

$$r^* = \max_i \min_j (r_{ij}) = 0.5$$

故应选择方案 A_4。

（2）按照乐观决策准则。

在各行中找出损益值最大的值，列于表 8 - 3 中第六列，然后在该列中找出最大值，对应方案为所选方案。

$$r^* = \max_i \max_j (r_{ij}) = 0.9$$

故应选择方案 A_1。

（3）按照折中决策准则。

假如取乐观系数为 $\alpha = 0.4$，则有：

$$d_1 = \alpha \max_j \{r_{1j}\} + (1 - \alpha) \min_j \{r_{1j}\} = 0.4 \times 0.9 + 0.6 \times 0.1 = 0.42$$

$$d_2 = 0.52$$

$$d_3 = 0.44$$

$$d_4 = 0.50$$

故应选择方案 A_2。

（4）按照后悔值决策准则。

首先按公式：

$$h_{ij} = \max_i \{r_{ij}\} - r_{ij} \quad i = 1, 2, \cdots, m \quad j = 1, 2, \cdots, n$$

计算后悔值，结果如表 8 - 4 所列。

表 8 - 4 后悔值决策表

后悔值		状态			最大后悔值
		S_1	S_2	S_3	
方案	A_1	0	0.3	0.4	0.4
	A_2	0.2	0.2	0.1	0.2
	A_3	0.1	0	0.3	0.3
	A_4	0.4	0.2	0	0.4

其中最大后悔值中的最小值为 0.2，因此，按后悔值准则决策，应选方案 A_2。

（5）按照等可能决策准则。

因为自然状态只有三个，按各自然状态出现的概率均为 1/3 来计算各方案的期望损益值，有

$$\mathrm{ER}(A_1) = \frac{1}{3}\sum_{j=1}^{3} r_{1j} = \frac{1}{3}(0.9 + 0.4 + 0.1) = 0.47$$
$$\mathrm{ER}(A_2) = 0.53$$
$$\mathrm{ER}(A_3) = 0.57$$
$$\mathrm{ER}(A_4) = 0.50$$

故应选择方案 A_3。

例 8 - 6　从甲地需要输送某小分队到乙地执行某任务。已知从甲地到乙地的路况可能有三种：良好 θ_1、一般 θ_2、差 θ_3，输送该部队可选择的运输方案有 A、B、C、D 四种。不同路况条件下，不同运输方案所耗费的时间不一样，决策矩阵如表 8 - 5 所示。问如何决策才能使输送时间最短？

表 8 - 5　决策矩阵

收益		方案			
		A	B	C	D
状态	θ_1	-3	-2	-2	-3
	θ_2	-5	-3	-4	-4
	θ_3	-8	-7	-7	-6

显然，这是一个不确定型决策问题。可分别根据几种不同的决策准则进行分析。

（1）按悲观决策准则。

方案 A 在不同路况条件下，最小收益为 -8；

方案 B 在不同路况条件下，最小收益为 -7；

方案 C 在不同路况条件下，最小收益为 -7；

方案 D 在不同路况条件下，最小收益为 -6。

由此，按照悲观决策准则，应该选择收益值为 -6（收益值最大）的方

案，即方案 D 为最优方案。

（2）按乐观决策准则。

方案 A 在不同路况条件下，最大收益为 -3；

方案 B 在不同路况条件下，最大收益为 -2；

方案 C 在不同路况条件下，最大收益为 -2；

方案 D 在不同路况条件下，最大收益为 -4。

由此，按照乐观决策准则，应该选择收益值为 -2（收益值最大）的方案，即方案 B 或 C 为最优方案。

（3）按等可能决策准则。

方案 A 在不同路况条件下的收益值 $U(A)$ 为 $-16/3$；

方案 B 在不同路况条件下的收益值 $U(A)$ 为 -4；

方案 C 在不同路况条件下的收益值 $U(A)$ 为 $-13/3$；

方案 D 在不同路况条件下的收益值 $U(A)$ 为 $-13/3$。

由此，按照等可能决策准则，应该选择收益值为 -4（收益值最大）的方案，即方案 B 为最优方案。

综上所述，对于不确定型决策问题，采用不同的决策方法所得结果可能会不同，而且也难以判断各方法的优劣，因为这些方法之间没有一个统一的评判标准。因此，实际应用中选择何种方法，取决于决策者对自然状态所持的主观态度。若态度悲观，则选用悲观法；若重视机会，则采用后悔值法；若认为各状态出现的机会相等，则可采用等可能准则。

第四节　后勤与装备管理层次分析法

层次分析法（Analytic Hierarchy Process，AHP），是由美国匹兹堡大学教授萨蒂于 20 世纪 70 年代初期提出的一种以半定性半定量决策的方法。1982 年传入我国，目前已广泛应用于军事、经济等各个领域。

一、主要思想

（一）决策"满意解"思想

层次分析法理论认为，定性型决策问题广泛存在于社会科学领域，通常没有真正数学意义上的最优解，而往往只有满意解或者称为相对最优解。既然是满意解，就不可能像结构化问题纯粹是客观的，而必然要有人的主观参与，即先由人对可行方案之间的优劣进行定性判断，然后把人的定性判断结果定量描述出来，进而把定性问题转化为定量问题，再经过一系列数学处理，最终产生满意或相对最优方案。

（二）比较思想

层次分析法理论认为，决策的核心就是从有限个备选方案中选出一个相对最优的方案，只需通过备选方案之间的相互比较即可实现，无须按照既定的统一标准对各个方案进行评估或评价。

（三）重要性层次复合思想

在一个多层次的系统中，底层元素相对整个系统的重要性，取决于它在与其紧邻的上一个层次诸元素中的重要性，以及上一个层次诸元素在更上一个层次乃至最高层次诸元素中的重要性，即这些重要性的多层复合才是底层元素相对整个系统的重要性。

二、实施程序

应用层次分析法进行决策，程序上通常分为五个步骤：第一步，建立层次结构；第二步，同层元素比较；第三步，对比较结果进行一致性检验；第四步，计算元素单项权值；第五步，确定方案综合权值。

例 8 – 7　一次装备体系能力需求分析中，决策人员要对毁伤能力、机动能力、信息能力三个能力需求的优先级进行排序。

解：

第一步：建立层次结构。

AHP 中的层次结构通常由三个部分组成：最高层为目标层，即决策所希望达到的最终目标；中间层为准则层或因素层、措施层，即决策时所考虑的各个因素或准则；最低层为方案层或对象层，即所有备选方案。图 8 – 5 为层次分析结构图。其中，目标层和方案层有且仅有一层，准则层可有多层，但通常不宜超过三层。

第二步：构造判断矩阵。

判断矩阵是同层次诸因素相对上一层次中某因素重要性的两两比较判断结果的矩阵形式。

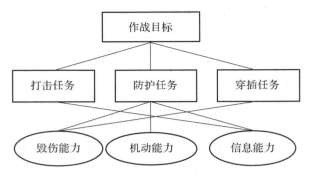

图 8 - 5 层次结构图

构造顺序：自上而下进行，即首先分析判断准则层各因素相对决策目标的重要性，然后分析判断方案层各方案相对准则层中每个准则的重要性。

构造数量：判断矩阵的个数 = 准则个数 + 1，本例需要构造 4 个。

构造方法：两两比较即每次只对两个因素之间的重要性进行比较，同时将比较结果按照按 1 - 9 标度法（表 8 - 6）进行量化与标度。

表 8 - 6 1 - 9 标度法

等级	甲与乙 同等重要	甲比乙 稍微重要	甲比乙 明显重要	甲比乙 特别重要	甲比乙 极其重要
标度值	1	3	5	7	9
备注：①2、4、6、8 为两个相邻等级之间的标度值； 　　　②甲与乙比较的标度值和乙与甲比较的标度值互为倒数					

在本例中，某决策者通过对所考虑因素的认真研究与两两比较，得到各个层次的判断矩阵如下：

$$A = \begin{bmatrix} 1 & 1/2 & 3 \\ 2 & 1 & 4 \\ 1/3 & 1/4 & 1 \end{bmatrix} \quad B_1 = \begin{bmatrix} 1 & 1/5 & 3 \\ 5 & 1 & 7 \\ 1/3 & 1/7 & 1 \end{bmatrix}$$

$$B_2 = \begin{bmatrix} 1 & 3 & 1/5 \\ 1/3 & 1 & 1/7 \\ 5 & 7 & 1 \end{bmatrix} \quad B_3 = \begin{bmatrix} 1 & 1/2 & 1/5 \\ 2 & 1 & 1/3 \\ 3 & 3 & 1 \end{bmatrix}$$

第三步：一致性检验。

利用一致性比例法，检验构造判断矩阵中两两比较结果逻辑顺序和倍数关系的一致性，即是否出现类似甲比乙重要、乙比丙重要，而丙又比甲重要的逻辑错误，以及甲比乙重要 2 倍、乙比丙重要 3 倍，而甲比丙重要 9 倍的倍数关系错误（要求一致性比例小于 0.1，通过计算机软件完成）。

第四步：层次单排序。

根据所建立的判断矩阵，由上至下分别计算出同层诸因素对于上一相邻层次的各个因素的重要性的排序权值，并排出优劣顺序。

（1）按列归一，即判断矩阵中每个元素均除以其所在列的元素之和。

$$A = \begin{bmatrix} 1 & 1/2 & 3 \\ 2 & 1 & 4 \\ 1/3 & 1/4 & 1 \end{bmatrix} \xrightarrow{\text{按列归一}} \begin{bmatrix} 0.30 & 0.29 & 0.38 \\ 0.60 & 0.57 & 0.50 \\ 0.10 & 0.14 & 0.13 \end{bmatrix}$$

（2）按行求和，即求出按列归一后的矩阵的每行元素之和。

$$\begin{bmatrix} 0.30 & 0.29 & 0.38 \\ 0.60 & 0.57 & 0.50 \\ 0.10 & 0.14 & 0.13 \end{bmatrix} \xrightarrow{\text{按行求和}} \begin{bmatrix} 0.97 \\ 1.67 \\ 0.37 \end{bmatrix}$$

（3）按列归一，具体含义同（1）。

$$\begin{bmatrix} 0.97 \\ 1.67 \\ 0.37 \end{bmatrix} \xrightarrow{\text{按列归一}} \begin{bmatrix} 0.32 \\ 0.55 \\ 0.13 \end{bmatrix}$$

即打击、防护、穿插任务相对作战目标的排序权值分别为 0.32、0.55、0.13，记作：

$$R = \begin{bmatrix} 0.32 & 0.55 & 0.13 \end{bmatrix}^{T}$$

类似地，由判断矩阵 B_1、B_2、B_3，可以分别求出毁伤、机动、信息能力对于打击、防护和穿插任务的排序权值：

$$R_1 = \begin{bmatrix} 0.19 & 0.72 & 0.09 \end{bmatrix}^{T}$$

$$R_2 = \begin{bmatrix} 0.19 & 0.08 & 0.73 \end{bmatrix}^{T}$$

$$R_3 = \begin{bmatrix} 0.12 & 0.23 & 0.65 \end{bmatrix}^{T}$$

第五步：层次总排序。

依据表 8 -7 计算出各方案相对总目标的权值，即综合排序权值。

$$W_{甲} = 0.32 \times 0.19 + 0.55 \times 0.19 + 0.13 \times 0.12 = 0.18$$

$$W_乙 = 0.32 \times 0.72 + 0.55 \times 0.08 + 0.13 \times 0.23 = 0.30$$
$$W_丙 = 0.32 \times 0.09 + 0.55 \times 0.73 + 0.13 \times 0.65 = 0.52$$

因此，三个能力需求相对于作战目标的综合排序为：信息能力需求最重要，机动能力次之，毁伤能力最后，即信息能力需求应为优先解决选项。

表 8-7   单项排序结果汇总表

权值		准则		
		打击	防护	穿插任务
		0.32	0.55	0.13
方案	毁伤能力	0.19	0.19	0.12
	机动能力	0.72	0.08	0.23
	信息能力	0.09	0.73	0.65

三、基本特点

（1）科学性。层次分析法的三个主要思想比较科学；两两比较较之整体比较精细，更容易判断出两个因素重要性的高低；1-9 标度法设置的等级数量比较科学；数据处理方法尤其是一致性检验比较科学。

（2）模糊性。层次分析法的模糊性主要体现在 1-9 标度法的等级上，如稍微重要、明显重要等。

（3）主观性。两两比较结果或判断矩阵以及最终各备选方案的排序结果往往会因人而异。

（4）相对性。利用层次分析法确定的所谓最优方案，只是有限个备选方案之中相对最优，未必是真正意义上的最好方案；综合排序权值不具有任何实际物理意义。

第九章　后勤与装备管理优化分析方法

第一节　后勤与装备管理资源优化方法

在后勤与装备管理工作中，涉及最多且必须研究解决的一个问题就是后装保障资源配置的优化分析问题。在军事行动中需要对保障资源进行合理的优化分析，以便形成优化的后装保障体系，在体系作战中赢得作战优势；军事训练中需要对有限的训练资源、训练器材进行合理优化的分配，对训练计划进行优选安排，以便在现有训练条件下达到对部队训练的最大效益。类似的有限军事资源最优化的利用问题非常常见，需要寻求适合解决这些军事资源优化问题的方法途径。在解决这类问题时，通常会用到线性规划、非线性规划、动态规划等数学规划方法，本节重点介绍数学规划在后勤与装备管理资源优化分析中的应用。

数学规划是研究资源最优分配或最优利用问题的一种决策方法。它所研究解决的问题分为两类：一是当人力、物力、财力资源一定时，如何合理利用这些资源，使得完成的任务最多；二是当任务一定时，如何统筹兼顾，合理安排，使得完成该项任务所消耗的资源最少。

数学规划是一类最优化方法的总称。它包括线性规划、非线性规划、整数规划、多目标规划和动态规划等多个分支。本节只讨论线性规划和非线性规划。

一、基于线性规划的后勤与装备管理资源优化

海湾战争中曾涉及大量的资源配置优化问题，要在有限的资源（如人力、物力、财力等）条件下，更好地完成任务，单凭借经验和直观的分析判断显然无法解决，需要相应的规范化的理论和方法。美军利用运筹分析中的数学规划等方法研制了空运部署分析系统，很好地完成了当时空运物资调运任务中的

资源优化问题。

在日常后勤与装备管理工作中，也有许多类似的后勤与装备保障资源管理优化问题，比如，保障物资调运类问题，从若干个供应点向若干个需求点调运物资，如何使运输量最小？可能问题规模没像海湾战争中遇到的那么大，条件没那么复杂，但是问题的实质是一样的。

线性规划则是在线性等式或不等式约束下，寻求线性目标函数极值的一种数学规划方法。下面通过一个具体的例子，来说明线性规划问题的内容及其求解方法。

例 9 - 1 某单位在 B_1、B_2 两个仓库分别备有弹药 300kg 和 800kg，P_1、P_2 两个部队需要弹药量分别为 400kg 和 700kg，其收发量和运距如表 9 - 1 所示。问：如何制定运输方案，才能使完成任务所消耗的总千克公里数最少？

表 9 - 1 收发量和运距

距离		部队		供应量/kg
		P_1	P_2	
仓库	B_1	10	20	300
	B_2	50	80	800
需求量/kg		400	700	1100

解：为将上述条件和要求用数学表达式表示出来，设 x_{11}，x_{12} 分别代表 B_1 运往 P_1、P_2 的弹药千克数，x_{21}，x_{22} 分别代表 B_2 运往 P_1、P_2 的弹药千克数（表 9 - 2）。

表 9 - 2 收发量和运距的数学表达

距离		部队		供应量/kg
		P_1	P_2	
仓库	B_1	x_{11}	x_{12}	300
	B_2	x_{21}	x_{22}	800
需求量/kg		400	700	1100

根据单位的供应量和部队的需求量，显然应有

$$\begin{cases} x_{11} + x_{12} = 300 \\ x_{21} + x_{22} = 800 \\ x_{11} + x_{21} = 400 \\ x_{12} + x_{22} = 700 \\ x_{11}、x_{12}、x_{21}、x_{22} \geqslant 0 \end{cases} \qquad (9-1)$$

式（9-1）称为约束条件，同时把未知数 x_{11}、x_{12}、x_{21}、x_{22} 称为决策变量。满足约束条件的运输方案有无穷多个。而我们的目标是要在这无穷多个方案中，找出一个千克公里消耗量最小的方案。

设消耗的总千克公里数为 Z，则由表9-1、表9-2可知：

$$Z = 10x_{11} + 20x_{12} + 50x_{21} + 80x_{22} \qquad (9-2)$$

式（9-2）称为目标函数。

综合上述分析，就可以把问题归结为：求出一组变量 x_{11}、x_{12}、x_{21}、x_{22} 的值，使它们满足约束条件（9-1）且使得式（9-2）中目标函数 Z 的值最小。

目标函数：

$$\min Z = 10x_{11} + 20x_{12} + 50x_{21} + 80x_{22}$$

约束条件：

$$\begin{cases} x_{11} + x_{12} = 300 \\ x_{21} + x_{22} = 800 \\ x_{11} + x_{21} = 400 \\ x_{12} + x_{22} = 700 \\ x_{11}、x_{12}、x_{21}、x_{22} \geqslant 0 \end{cases} \qquad (9-3)$$

注意：这里的约束条件和目标函数都是线性的，故称为线性规划。

以上是利用线性规划法解决问题的第一步，即建立数学模型。接下来的问题便是如何求解这个模型。

关于模型（9-3）的求解问题，目前有很多比较成熟的方法，如图解法、单纯形法等。这些方法虽然数学原理并不高深，但计算却非常烦琐，因此，这里主要介绍如何利用计算机软件（Lindo）来进行求解。

（1）打开 Lindo 程序后，按要求将模型（9－3）中的目标函数和约束条件等输入计算机，如图 9－1 所示。

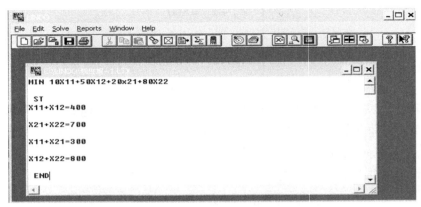

图 9－1　Lindo 程序截图

（2）运行 Lindo 程序，结果如图 9－2 所示。

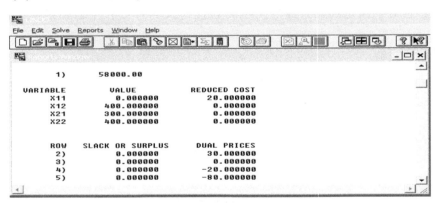

图 9－2　运行后 Lindo 程序截图

求得 $x_{11}=0$，$x_{12}=400$，$x_{21}=300$，$x_{22}=400$，$Z=58000$。即最优调运方案是：B_1 的 400kg 弹药全部运往 P_1，B_2 的 700kg 弹药中，分出 300kg 运往 P_1，400kg 运往 P_2，这样总运输量最小，为 58000kg·km。

在后勤与装备管理工作中，类似例 9－1 这样的问题还有很多，如设备分配问题、合理下料问题、任务规划问题、营养配餐问题，以及医院排班问题等。它们的共同特点都是求一组非负变量、满足一定线性约束条件且使一个线性函数取得最大值或最小值，因此，也都可以用线性规划的方法来解决。线性

规划一般形式的数学模型为

$$\max(\min) = c_1 x_1 + c_2 x_2 + \cdots + c_n x_n \tag{9-4}$$

$$\begin{cases} a_{11} x_1 + a_{12} x_2 + \cdots + a_{1n} x_n \leqslant (或 = , \geqslant) b_1 \\ a_{21} x_1 + a_{22} x_2 + \cdots + a_{2n} x_n \leqslant (或 \geqslant , =) b_2 \\ \qquad\qquad\qquad\vdots \\ a_{m1} x_1 + a_{m2} x_2 + \cdots + a_{mn} x_n \leqslant (或 \geqslant , =) b_m \\ \qquad x_i \geqslant 0, (i = 1, 2, \cdots, n) \end{cases} \tag{9-5}$$

式中：x_i 是决策变量；c_j、b_i、a_{ij} 是给定的模型参数。

满足约束条件（9-5）的解称为可行解；满足（9-4）的可行解称为最优解。

二、基于非线性规划的后勤与装备管理资源优化

线性规划法具有一定的局限性，它只适用于变量之间呈线性关系的决策问题。然而，实际问题往往并不都能用线性函数表示其目标和约束条件。因此，研究非线性规划问题及其求解方法是非常必要的。

非线性规划是目标函数为非线性函数或约束条件中有非线性（不）等式的数学规划，它的一般形式如下。

目标函数：

$$\max(\min) Z = f(x_1, x_2, \cdots, x_n) \tag{9-6}$$

约束条件：

$$\begin{cases} g_i(x_1, x_2, \cdots, x_n) \leqslant 0, & i = 1, 2, \cdots, m \\ h_i(x_1, x_2, \cdots, x_n) \leqslant 0, & j = 1, 2, \cdots, l \end{cases} \tag{9-7}$$

非线性规划法问题求解的难度随问题中所出现函数的"非线性程度"而异，不存在普遍有效的解法。目前已经有的算法多是迭代算法，逐步逼近最优解。由于计算机的发展，问题求解基本没有什么困难。

下面通过一个比较简单的例子，说明非线性规划问题的内容和利用 Lingo 软件求解该问题的方法步骤。

例9-2 某施工单位准备建一个临时混凝土搅拌站，向 5 个工地供应混凝土。各工地的坐标位置（图9-3，单位：km）依次为（3，5）、（2，10）、（8，16）、（5，7）、（12，3），每天所需的混凝土数量分别为 100kg、200kg、

300kg、400kg、500kg，费用为 2 元/kg·km。问：搅拌站建在什么位置，才能使它每天向各工地供应混凝土的总费用最低？

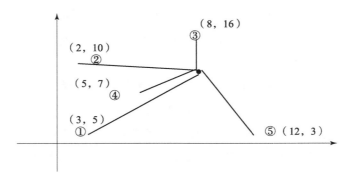

图 9 – 3   工地的坐标位置

解： 设混凝土搅拌站位置的坐标为 (x, y)，则各工地与搅拌站的距离可用两点间距离公式求得，即

$$d_i = \sqrt{(x - x_i)^2 + (y - y_i)^2} \tag{9-8}$$

式中：(x_i, y_i) 为第 i 个工地的位置坐标 $(i = 1, 2, 3, 4, 5)$。

$$d_1 = \sqrt{(x - x_1)^2 + (y - y_1)^2} = \sqrt{(x - 3)^2 + (y - 5)^2}$$

同理得

$$d_2 = \sqrt{(x - 2)^2 + (y - 10)^2}$$

$$d_3 = \sqrt{(x - 8)^2 + (y - 16)^2}$$

$$d_4 = \sqrt{(x - 5)^2 + (y - 7)^2}$$

$$d_5 = \sqrt{(x - 12)^2 + (y - 3)^2}$$

设搅拌站每天向第 i 个工地供应混凝土的费用为 c_i，则

$$c_1 = 2 \times 100 \times \sqrt{(x - 3)^2 + (y - 5)^2}$$

$$c_2 = 2 \times 200 \times \sqrt{(x - 2)^2 + (y - 10)^2}$$

$$c_3 = 2 \times 300 \times \sqrt{(x - 8)^2 + (y - 16)^2}$$

$$c_4 = 2 \times 400 \times \sqrt{(x - 5)^2 + (y - 7)^2}$$

$$c_5 = 2 \times 500 \times \sqrt{(x - 12)^2 + (y - 3)^2}$$

搅拌站每天向各工地供应混凝土的总费用为

$$c = \sum_{i=1}^{5} c_i = c_1 + c_2 + c_3 + c_4 + c_5$$

因此，该问题的目标函数为

$$\min c = \sum_{i=1}^{5} c_i = c_1 + c_2 + c_3 + c_4 + c_5$$

显然，这是一个非线性规划问题。根据该问题的目标函数，选择适当的 x、y 就可以使 c 达到最小。对此，可利用 Lingo 软件进行求解。

由于 Lingo 软件的求解程序与 Lindo 完全相同，故这里不再赘述，而直接给出最终结果：$x = 5$，$y = 7$，总费用最小值为 8008.55 元。

例 9 - 3 有 2 种不同类型的导弹，欲打击 3 个空中目标。第 1 种导弹的数量为 6 枚，第 2 种导弹的数量为 10 枚。目标的危险或重要程度系数及每种导弹毁伤各个目标的概率如表 9 - 3 所示。问：如何制定导弹火力分配方案，才能使毁伤效能指标值达到最大？

表 9 - 3　目标的危险或重要程度系数及每种导弹毁伤各个目标的概率

目标		B_1	B_2	B_3
重要程度 W_j		0.3	0.2	0.5
毁伤概率 e_{ij}	导弹 A_1	0.4	0.1	0.5
	导弹 A_2	0.2	0.4	0.2

解： 设 x_{ij} 为第 $i(i=1,2)$ 种导弹分配给第 $j(j=1,2,3)$ 个目标的数量，于是第 1 个目标被毁伤的概率为

$$p_1 = 1 - \prod_{i=1}^{2}(1 - e_{i1})^{x_{i1}} = 1 - (1 - 0.4)^{x_{11}}(1 - 0.2)^{x_{21}}$$

第 2 个目标被毁伤的概率为

$$p_2 = 1 - \prod_{i=1}^{2}(1 - e_{i2})^{x_{i2}} = 1 - (1 - 0.1)^{x_{12}}(1 - 0.4)^{x_{22}}$$

第 3 个目标被毁伤的概率为

$$p_3 = 1 - \prod_{i=1}^{2}(1 - e_{i3})^{x_{i3}} = 1 - (1 - 0.5)^{x_{13}}(1 - 0.2)^{x_{23}}$$

目标函数：

$$\max p = \sum_{j=1}^{3} w_j p_j = 1 - 0.3 \times 0.6^{x_{11}} \times 0.8^{x_{21}}$$

$$- 0.2 \times 0.9^{x_{12}} \times 0.6^{x_{22}} - 0.5 \times 0.5^{x_{13}} \times 0.8^{x_{23}}$$

约束条件：

$$\begin{cases} \sum_{j=1}^{3} x_{1j} = 6 \\ \sum_{j=1}^{3} x_{2j} = 10 \end{cases} \quad x_{ij} \geq 0; i = 1, 2; j = 1, 2, 3$$

利用 Lingo 软件，求得其最优解为：$x_{11} = 3$，$x_{12} = 0$，$x_{13} = 3$，$x_{21} = 3$，$x_{22} = 5$，$x_{23} = 2$。即第 1 种导弹向目标 B_1、B_3 各发射 3 枚，第 2 种导弹分别向目标 B_1、B_2、B_3 发射 3 枚、5 枚、2 枚。将其代入目标函数求得目标毁伤最大效能指标值为 0.911。

第二节　后勤与装备管理路径优化方法

后勤与装备管理工作中许多决策问题往往都可以用一个网络图表示，并且研究目的也都可以归结为求网络图中路径的极值问题。

这里所研究的网络图具有下列特征：①用点表示研究对象，用边（有向或无向）表示对象之间的某种关系；②强调点与点之间的关联关系，不讲究图的形状与比例大小；③每条边上都有一个数字标记，称为权，可以代表时间、距离或费用等概念；④任意两点之间至少有一条线路相连通。

一、基于最小树的后勤与装备管理路径优化

一个没有圈（闭合回路）的连通图称为树。其特征是任意两点之间有且仅有一条线路相连通。在现实生活中，树可以表示通信网、电网、因特网，也可以表示家谱、部队编制序列、学科体系等。

可以证明，一棵树的边数等于点数减去 1；在树中任意两点之间添加一条边就形成圈（闭合回路）；在树中任意去掉一条边，图就变为不连通。一个网络图可以生成许多树，"最小树"是指这些树中各边长度之和为最小的树。

求最小树有许多方法，包括枚举法、破圈法、避圈法、加边法和环流算法等，这里仅介绍其中的一种方法——破圈法。其实施步骤是：在所给图中任意选取其中一个圈（闭合回路），去掉圈中最长的一条边（若有两条最长边则任

取其一）。按此要求反复进行，直至图中无圈为止，这时，剩下的边组成的图就是所要求的最小树。

例 9-4 某部有一项工程需要埋设电缆，将总站（V_5）与其他 7 个单位连通（可以经过中转）。图 9-4 标出了各单位所在位置、允许连通情况及相互之间的距离（单位：km），电缆每米 10 元，挖电缆沟（深 1m，宽 0.6m）土方每立方米 3 元，其他材料和施工费每米 5 元。试问该项工程至少需要经费多少万元？

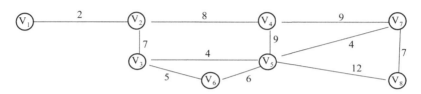

图 9-4 总站与其他单位连通图

欲使该项工程费用最少，就要求在保证总站与其他 7 个单位连通的情况下，使所挖的电缆沟总长最短，然后据此再计算该工程各项经费的总和，作为其预算经费。该问题属于求最小树问题，下面用破圈法求解。

解： 如图 9-5 所示，在由 V_4、V_7、V_5 组成的圈中，三条边长分别为 9、4、9，去掉其中的一条最长边（V_5，V_7），并在该边上画记号"×"，表示已经去掉此边。依此类推，在圈（V_2，V_4，V_5，V_3，V_2）中去掉最长的一条边（V_4，V_5）；在圈（V_3，V_5，V_6，V_3）中去掉最长的一条边（V_5，V_6）；在圈（V_5，V_7，V_8，V_5）中去掉最长的一条边（V_5，V_8）。至此，图中已经没有圈，余下的各条边组成的图就是最小树。其总长度为 $2+8+7+4+5+4+7=37$（km），也就是说，至少要挖 37km 长的电缆沟，才能保证此项工程预算经费最少的要求。现在来计算此项工程所需经费：

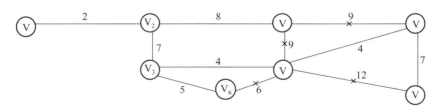

图 9-5 破圈法图示

电缆费为 $37000 \times 10 = 370000$（元）$= 37$（万元）；挖土方费为 $37000 \times 1 \times 0.6 \times 3 = 66600$（元）$= 6.66$（万元）；其他材料及施工费为 $37000 \times 5 = 185000$（元）$= 18.5$（万元）。

故完成此项工程至少需要经费：$37 + 6.66 + 18.5 = 62.16$（万元）。

在日常工作中，与通信线路筹划类似的问题，如电线、电话线、公共电视天线、有线广播（电视）线、计算机网线的架设问题，以及战时油料保障中输油管线的铺设问题、战时军用急造公路的修建问题等，都属于最小树问题，进而也都可以利用破圈法求解。

二、基于最短路的后勤与装备管理路径优化

在一个网络图两点之间的所有通路中，全程最短的路线，称为这两点的最短路线，简称最短路。可以证明：网络图中任意两点之间的最短路一定存在，并且可能有多条；含有圈（闭合回路）的通路，一定不是两点之间的最短路。

例 9 - 5 V_1 是仓库所在地，V_8 表示部队所在地。要把一批物资从 V_1 运往 V_8，各点之间的距离如图 9 - 6 所示，应如何选择道路，使路线最短？

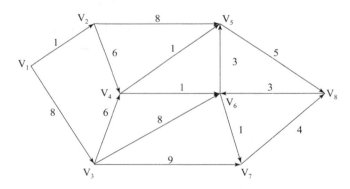

图 9 - 6 从 V_1 运往 V_8 各点之间的距离

上例就是一个典型的最短路问题。所谓最短路问题，就是在网络中，求从某一指定点到另一点的一条路，使其路的长度（该路中所有弧的权之和）最小。当问题比较简单时，最短路很容易找到，比如宿舍、食堂、教学楼之间，很自然就会走最短的路。但情况一复杂，如一个战区海、陆、空联运，一个城市成千上万台电话机的通信线路架设，就需要用到一种求解有向图最短路的简

便方法——Dijastra 算法，而且它能找到从出发点到所有点间的最短距离。Dijastra 算法又称为图上标号法，它指对图上每一点对应一对标号，若某个点得到标号，就意味着已求出 V_1 到这个点的最短路。其算法如下。

设 V_i 的标号是 (α_i, β_i)，ω_{ij} 是弧 (v_i, v_j) 的权，给起点 V_1 的标号是 $(0, 0)$，反复进行如下 3 个步骤：

（1）找出全部已标号的顶点 V_i 的所有未标号的后继点 V_j，计算 $d_{ij} = \alpha_i + \omega_{ij}$

（2）取 $\min(d_{ij}) = d_{kr}$，给顶点 V_r 标号 (α_r, β_r)，其中，$\alpha_r = d_{kr}$，$\beta_r = k$。

（3）检查所有顶点是否都赋以标号，若全部顶点都标号完毕，则停止运算。否则，重复步骤（1）。若有顶点 V_t 无法标号，表明 V_1 到 V_t 无通路，故不存在最短路。

下面结合例 9-5 给出具体做法。

首先，给 V_1 标号 $(0,0)$，第一个标号代表 V_1 到 V_1 的最短路是 0，第二个标号代表这个最短路径是从哪个点过来的，由于是第一个节点，自己到自己所以标号为 0。

找出所有与已标号点 V_1 相关联的弧 V_1V_2 和 V_1V_3，计算每条弧的对应值 $0+1$ 和 $0+8$，找出最小的值 1，对应的 V_1 标号为 $(1,1)$，由于还未到达所求点 V_8，继续标号过程，检查从已标号的点向外相连的 3 条箭线，计算每条弧的对应值 $1+8$，$1+6$，$0+8$，取最小的 $1+6=7$，标号 $V_4(7,2)$……直至所有顶点都被赋以标号。如图 9-7 所示，即从 V_1 到 V_8 的最短路为 13，最短路径为 $V_1 - V_2 - V_4 - V_6 - V_7 - V_8$ 或 $V_1 - V_2 - V_4 - V_5 - V_8$。

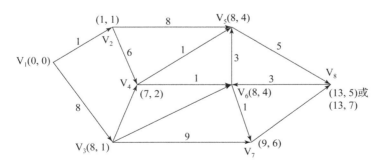

图 9-7 V_1 到 V_8 的路径

101

如果是无向图，如何应用 Dijastra 算法来求最短路径呢？其实方法基本一样，只不过把算法中的"后继点"改成与已标号的点相连的所有未标号的点即可。

最短路的应用范围很广泛，这种广泛性是由边或弧的权具有高度抽象意义决定的，如果将该例中各边的权解释为运送物资所经道路的费用或时间，则寻找从 V_1 到 V_8 的最短路问题的实际意义就可解释为寻找从 V_1 到 V_8 的最小费用的路线问题，或运送物资时间最短的路线问题。类似地，还可以通过巧妙的转化和设计，把从直观上看来并不像是最短路问题的一些实际应用问题归结和转化为最短路问题，并借助于最短路的算法来求解。例如，通信网络中的最大可靠路问题、最优配置点问题、设备更新问题、最佳库存效益问题，以及运输路线优化表的制定等。

例 9 - 6 V_1 是仓库所在地，V_8 表示战场供应所在地。要把一批物资从 V_1 运往 V_8，各点间道路不被敌机破坏的概率如图 9 - 8 所示，应如何选择道路，使路线最安全？

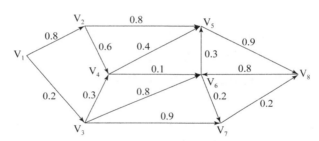

图 9 - 8　从 V_1 到 V_8 各点间道路不被敌机破坏的概率

解：这是一个最大可靠路问题。一条路 L 由多条边串联而成，由可靠性理论得知，一条路的可靠度 $P(L)$ 应等于组成该路的各条边的可靠度 $P(l_i)$ 的乘积。即若一条路由 k 条边组成，则

$$P(L) = P(l_1) \times P(l_2) \times \cdots \times P(l_k)$$

图 9 - 8 中 $V_1 \rightarrow V_3 \rightarrow V_7 \rightarrow V_8$ 是一条路，它的可靠度为 $0.2 \times 0.9 \times 0.2 = 0.036$，但它是否为最可靠的路目前还不能判断。

由于各条边可靠度的乘积最大与可靠度之和最小并不等价，所以，这类问题不能直接应用求最短路的方法来解决，需进行一定的数学变换。

要使 $P(L)$ 最大，等价于使 $\ln P(L)$ 最大，不妨对上述等式两边取对数：

$$\ln P(L) = \ln\left[P(l_1) \times P(l_2) \times \cdots \times P(l_k)\right] = \ln P(l_1) + \ln P(l_2) + \cdots + \ln P(l_k)$$

要使 $\ln P(L)$ 最大，又等价于 $-\ln P(L)$ 最小，因此又有：

$$-\ln P(L) = -\ln P(l_1) - \ln P(l_2) - \cdots - \ln P(l_k)$$

设 $q = -\ln P(L)$，$q_i = -\ln P(l_i)$ $(i = 1,2,\cdots,k)$，则有：

$$q = q_1 + q_2 + \cdots + q_k$$

求 q 最小的路就等价于求最大可靠路。具体求解过程从略。

例 9 – 7　图 9 – 9 是一个公路网，图中每条边的权代表公里数，V_1、V_2、V_3、V_4、V_5、V_6 是某部队所属的 6 个部（分）队的驻地。现要在这些驻地的某一处修建物资仓库，6 个部（分）队每年所需物资的车次数分别为 200、400、300、700、800、1000，问物资仓库应修在何处，才能使每年从仓库向部队运物资所消耗的车公里数最少？

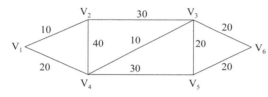

图 9 – 9　公路网

解：这是一个以节省运输量为目标的最优配置点问题。首先，可以明确的是总车公里数 = 分队 1 所需车次数 × 仓库到分队 1 的距离 + 分队 2 所需车次数 × 仓库到分队 2 的距离 + ⋯ + 分队 6 所需车次数 × 仓库到分队 6 的距离；其次，无论仓库建在哪个驻地，从仓库到其他驻地必定都要走最短路，才能使一年总的车公里数最少；第三，由于是无向图，所以 V_i 到 V_j 的最短路就是 V_j 到 V_i 的最短路。

基于以上分析，我们不妨列出表 9 – 4。其中，第一行和第一列分别标示出了分队 1，分队 2，⋯，分队 6，计算出每一个分队到其他分队的最短距离，把它填入表中，例如，第 2 行数字代表 1 分队到其他分队的最短距离分别是 0，10，30，20，50，50，最后一列代表假设把仓库建在第 1，2，⋯，6 分队时的总车公里数，例如，第 2 行最后一列数字代表假设把仓库建在第 1 分队时的总车公里数，即 $200 \times 0 + 400 \times 10 + 300 \times 30 + 700 \times 20 + 800 \times 50 + 1000 \times 50 = 117000$。再从最后一列中选最小的 61000，从而确定仓库应建在第 3 分队。

表9-4　各分队所需公里数

分队	1	2	3	4	5	6	总车公里数
1	0	10	30	20	50	50	117000
2	10	0	30	30	50	50	122000
3	30	30	0	10	20	20	61000
4	20	30	10	0	30	30	73000
5	50	50	20	30	0	20	77000
6	50	50	20	30	20	0	73000

最短路的应用范围很广泛，这种广泛性是由边或弧的权具有高度抽象意义决定的，如果将该例中各边的权解释为运送物资所经道路的费用或时间，则寻找从 V_1 到 V_8 的最短路问题的实际意义就可解释为寻找从 V_1 到 V_8 的最小费用的路线问题，或运送物资时间最短的路线问题。类似地，还可以通过巧妙的转化和设计，把从直观上看来并不像是最短路问题的一些实际应用问题归结和转化为最短路问题，并可以借助于最短路的算法来求解。例如，通信网络中的最大可靠路问题、最优配置点问题、设备更新问题等。

例9-8　某地区驻扎有6个单位，相互之间单行公路和距离如图9-8所示。拟在其中一个单位建一个中心，要使它至最远单位的距离最短，问中心应建在哪个单位驻地？

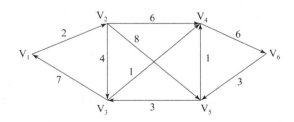

图9-10　某地区驻扎的6个单位相互之间单行公路和距离

解：这是一个以缩短最长到达距离为目标的最优配置点问题。其求解方法与上一个例题类似，只不过最后一列的数字是每行中的最大值，即假设把中心建在第1，2，…，6单位时到其他单位的最远距离，然后从最后一列中选最小值，这里是 10，也就是把中心建在单位 3。具体见表 9 – 5。

表 9 – 5 把中心建在第 1，2，…，6 单位时到其他单位的距离

单位	1	2	3	4	5	6	最远距离
1	0	2	6	7	10	13	13
2	11	0	4	5	8	11	11
3	7	9	0	1	10	7	10
4	19	21	12	0	9	6	21
5	10	12	3	1	0	7	12
6	13	15	6	4	3	0	15

以上两例都是一个配置点的问题，实际工作中经常会遇到多个配置点或所谓 "其他点" 问题，例如配置两个以上的仓库来保障周围部队需要，或可以在公路沿线的其他点配置等，这些问题的解决方法基本上与前两例类似，只不过计算量较大或方法上稍有改动。

例 9 – 9 （设备更新问题） 某单位的某台装备可连续工作 4 年，单位领导每年年初都要决定装备是否需要更新，若购置新装备，就要支付购置费用，若继续使用，则要支付维修与运行费，而且随着机器使用年限增长费用逐年增加。已知计划期（4 年）内每年的购置价格及维修与运行费用由表 9 – 6 给出，试制定今后 4 年的机器更新计划，使总支付费用最少。

表 9 – 6 计划期（4 年）内每年的购置价格及维修与运行费用

年限/年	1	2	3	4
购置费/万元	2.5	2.6	2.8	3.1
维修与运行费/万元	1	1.5	2	4

解： 可以把该问题转化为最短路问题求解。设 V_1 和 V_5 表示计划期的始点和终点（V_5 可理解为第 4 年末）。图 9 – 11 中各弧（V_i，V_j）表示在第 i 年初购进的装备使用到第 j 年初（即第 $j-1$ 年底），弧旁的数字由表 9 – 6 可得。

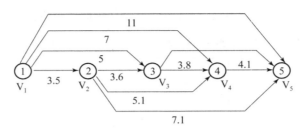

图 9 – 11　设备更新示意图

因此，把求最优的设备更新问题转化为求从 V_1 到 V_5 的最短路线问题。按最短路算法可得最短路为 $\{V_1，V_3，V_5\}$，即计划期内装备更新最优计划为第 1 年、第 3 年初各购一台新装备，4 年总支付费用为 10.3 万元。

最短路问题在后勤与装备管理实际工作中具有广泛的应用，如输油管道铺设、行军路线选择、设备更新等问题都可以归结为求最短路问题。同时，针对时间、费用、可靠程度等不同的权，最短路问题还可以拓展为以时间为标准的最短路问题、以费用为标准的最短路问题和以可靠程度为标准的最短路问题等。

第三节　后勤与装备管理网络计划方法

时间是军队中一切工作的重要因素，要合理安排时间，就需以余补缺，重点在于搞清什么地方余、什么地方缺，这是合理安排时间的关键。所谓后勤与装备管理工作的统筹安排主要也是指合理安排好时间。

20 世纪 50 年代首先在国外出现了一些计划管理的新方法，应用网络图对工作计划进行优化分析，最早是由美国科学家提出的。1957 年由美国杜邦公司的数学家、工程师和管理人员组成的工作小组，在兰德公司的配合下，对化工厂的筹建和维修制定了第一套网络图。这种计划方法不仅能明确表示出所有的工作、各项工作所花费的时间及工作之间的相互关系，还能找出在编制计划时及计划执行过程中的关键路径，称为"关键路径法"（Critical Path Method，CPM）。1958 年，美国海军武器部在制定研制"北极星"导弹计划时，同样应用了这种方法，但它注重对各项工作安排的评价和审查，称为"计划评审法"（Program Evaluation and Review Technique，PERT）。这些方法都是建立在网络模型基础上，因此称为网络计划分析方法，它们是合理安排时间的有效方法。

我国著名数学家华罗庚先生将这些方法总结概括为统筹方法，其中的网络图也称为统筹图，在 60 年代初引入我国，并推广应用。目前，这些方法被世界各国广泛应用于工业、农业、国防、科研等计划管理中，对缩短工期，节约人力、物力和财力，提高经济和军事效益发挥了重要作用。

网络计划分析通过定性与定量相结合的分析方法，对计划工作实施安排，其主要表现形式为统筹图。主要特点如下：

（1）全局意识强。由统筹图拟制的工作计划，一张图可以反映整项工作计划安排，使得工作计划全面、简洁、直观，工作思路清晰、逻辑性强；

（2）科学性强。统筹图是优化军事计划的重要平台，在统筹图上可以进行一系列量化分析，为优化工作计划提供重要的科学依据。

（3）可以提高军事效益。在计划实施过程中，借助统筹图可以抓住工作的主要矛盾，兼顾全面，处理好工作的主、次、缓、急，做到灵活指挥控制。

（4）可以减少工作盲目性。统筹计划是在掌握了工作规律的基础上建立起来的，内容完整、层次分明，避免和减少了遗漏的工作及工作安排的盲目性。

（5）受时间制约。统筹优化法需要有充足的计划时间，对于突发事件的处理，不可能也来不及用该方法进行计划安排。一般地，我们预先对可能发生的军事突发事件提前做好工作计划预案，当突发事件发生后，可以在工作计划预案的基础上作修改调整。

一、统筹图及其组成

统筹图是由弧、结点及权构成的有向图。这种"有向"表现为各项工作存在着时间的前后顺序上，把计划的各个环节和工作项目按其客观存在的内在联系以及指挥员的设想，拟制成一张网络图形。

（一）弧

弧表示一项工作。工作是指完成某一任务而进行的各项活动。它有实工作和虚工作之分，实工作是指消耗资源（时间、人力、物力等）的活动过程，如行军、宿营等；虚工作是虚设的工作，它在实际执行过程中是不存在的，只是用来表示工作之间的逻辑关系或内在联系，不消耗资源。

一项军事活动由许多项耗费时间、人力、物力的工作组成，用箭线"→"

表示。工作名称写在箭线上面的位置。如"运油料"工作，表示为"$\xrightarrow{\text{运油料}}$"。

根据统筹图中工作之间的相互关系，工作有紧前工作和紧后工作之分。把紧接在某项工作之前的那些工作称为该项工作的紧前工作，紧接在某项工作之后的工作都称为该工作的紧后工作。如图 9 – 12 所示，"运器材"的紧前工作是"运药品""运备件""运器材"的紧后工作是"运被服"。

虚工作指实际上并不存在而虚设的工作，表达相邻工作间的衔接关系。虚工作不需要花费人力、物力及时间等，用虚线箭杆表示。

（二）节点

节点是工作与工作之连接点，它表示一项或几项工作的开始，另一项或几项工作的结束。它是一种瞬时状态，不消耗时间，也不消耗资源。在统筹图中，节点用带有编号的圆圈表示，不同的节点有不同的编号。

箭尾的节点称为该工作的开始节点，箭头的节点称为该工作的结束节点。开始节点中的数字编号小于结束节点中的数字编号。一张统筹图规定只能有一个开始节点和一个结束节点。

（三）权

权表示完成某项工作所花费的时间或其他资源数据，通常标注在箭线下面的位置上。

当统筹图中的权表示时间时，称为工作持续时间。工作持续时间的确定，一般依据上级要求或以往的经验。按经验估测工作持续时间，常用以下面几种方法。

（1）根据工作定额计算工作时间。

（2）依据同类工作的历史资料，计算平均时间。

统计在同等条件下，过去该项工作的持续时间，设为 $t_1, t_2, \cdots, t_n$，则

$$\bar{t} = \frac{1}{n} \sum_{i=1}^{n} t_i$$

（3）"三种时间"估计法。

乐观时间 a：在顺利情况下，完成工作所需要的最少时间。

最可能时间 m：在正常情况下，完成工作所需要的时间。

悲观时间 b：在不顺利的情况下，完成工作所需要的最多时间。

根据统计分析得知，这三种时间的概率分布可以认为近似服从正态分布。

工作持续时间的估测值为

$$T = \frac{a + 4m + b}{6}$$

方差为

$$\sigma^2 = \left(\frac{b - a}{6}\right)^2$$

如图 9 – 12 是某部队运输网络计划统筹图。图中有六个结点，分别为结点 1、2、3、4、5、6，"运油料"工作的持续时间是 2 天，结点 1 是开始结点，结点 6 是结束结点。

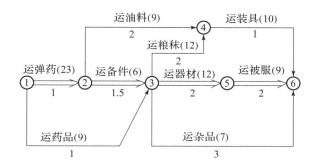

图 9 – 12　某部队运输网络计划统筹图

（四）关键路径

路径是工作的连贯流程，是指从最初节点开始，顺着箭头的方向连续不断地到达最终节点的一条通路。路径中各项工作的持续时间之和称为该路径的持续时间或路径的长度。在所有路径中，把持续时间最长的那条路径称为关键路径。关键路径的长度称为计划工期。关键路径上的工作称为关键工作。在统筹图中关键路径一般用粗箭线、双箭线或红箭线表示。

图 9 – 12 中有 6 条路径，关键路径是 L(1,2,3,5,6)，该项运输任务的总时间是 6.5 天。

一张统筹图中，关键路径可以不止一条，越是周密的计划，关键路径可能越多，关键路径不一定画在统筹图的中线上。

二、统筹图的拟制规则

统筹图有两种规范样式：一种是不依比例尺的统筹图，其特点是箭线的长短与工作持续时间无关；另一种是依比例尺的统筹图，工作持续时间等于该工作的开始结点和结束结点在比例尺上的投影。在依比例尺的统筹图中，可以在比例尺上标出天文时间或作战时间等信息，且在同一张统筹图中，允许有不同的比例尺。

统筹图的拟制应满足下列要求：

（1）任何两个节点之间最多只能有一条箭线。

（2）图中不允许出现封闭回路。

（3）完整的统筹图只能有一个起点和一个终点。

（4）虚工作应尽量少。

（5）一个节点只能有一个编号，不能重复，节点编号的顺序应随箭头方向增大。

（6）要标出关键路径。

（7）箭线尽量避免交叉，否则用搭桥形式画出。

三、统筹图的基本画法

（一）顺序作业画法

顺序作业就是按照工作的先后顺序，一项接一项地进行，直至最后一项结束。与其特点相对应，其画法就是用圆圈、箭线按工作的先后顺序关系依次画出。

（二）平行作业画法

平行作业是指几项工作可以同时进行。其画法是从同一节点同时引出几项不同的工作，或从某时刻起由不同的节点引出几项不同的工作。

（三）交叉作业画法

对需要较长时间完成的相邻工作，在条件允许时，可以不必在前一项工作全部完工之后再转入下一项工作，而是分期分批地将前面工作的完成部分转入下一道工序。也就是通常所说的"流水作业"，它兼有顺序作业和平行作业的特点。

例 9 – 10　某单位接到向甲地运送一批物资的任务，该任务经分解一共包含 9 项工作（各工作所需时间及车辆如表 9 – 7 所列），上级要求在 6.5 天内完成任务。已知该单位目前共有汽车 24 辆，试做出相应的车辆运输计划。

表9－7　运输工作清单

工作代号	工作名称	紧前工作	持续时间/天	所需车辆/台日
1	运弹药	—	1	23
2	运药品	—	1	9
3	运备件	1	1.5	9
4	运油料	1	2	18
5	运器材	2，3	2	24
6	运粮秣	2，3	2	24
7	运杂品	2，3	3	20
8	运被服	5	2	18
9	运装具	4，6	1	10

根据上级要求，该单位拟制的运输网络统筹计划如图9－12所示。

注：箭杆上方括号内的数字表示每个工作日所需车辆数，箭杆下方数字表示该工作的持续时间，单位为天。

从图9－12可见，关键线路的持续时间为 $1 + 1.5 + 2 + 2 = 6.5$ 天，好像此网络计划符合上级的时限要求，但不难发现，在分队现有24辆车的条件下，此计划无法实施。例如，计划开始时有"运弹药"和"运药品"两项工作，日需车辆为 $23 + 9 = 32$ （辆），大大超出分队现有24辆车的限制。同理，计划中还有其他工作存在同样的矛盾。为了解决该网络计划中日需车辆数与现有车辆总数之间的矛盾，需要我们对该网络计划进行"资源调优"。

四、统筹图的调整优化

对于一份拟制好的工作计划，如果在时间或物资资源等方面不能满足上级要求或实际需求，那么必须对工作计划进行调整修改。

统筹图调整优化是指不改变统筹图中工作间的逻辑关系，调整统筹图中某些工作的持续时间或物质分配，从而调整优化统筹图。

若关键路径的时间超出了预期，则需要压缩关键工作的时间。一般可采取下列做法：

（1）检查关键工作持续时间是否正确。根据规定标准、实践经验或有关资料，力求使各项关键工作持续时间达到允许的最小值。

（2）增加资源以缩短关键工作的持续时间。这种办法只有在资源充足的条件下才可以使用。

（3）挖掘非关键工作的潜力，加速关键工作的进程。在非关键工作可机动的时间范围内，适当调整其资源，以支援关键工作，从而达到缩短关键路径时间的目的。

可见，调整优化工作持续时间，需要找出关键路径、关键工作及非关键工作可机动的时间范围。

如图 9 - 13 所示为带时间坐标轴的统筹图。

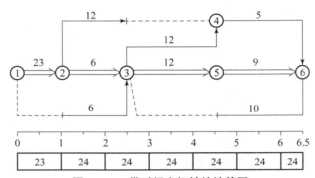

图 9 - 13   带时间坐标轴的统筹图

图 9 - 13 中：箭杆上方的数字表示每个工作日所需车辆数，下方表格中的数字是各个工作日用车的总量，表格与图之间的横线是时间坐标。

通过以上调整，网络计划在不延长完工时限的前提下，实现了计划中各时段日需车辆数的相对均衡，并且不超过该单位现有车辆总数的限制，达到了资源优化的目的。

第四节   后勤与装备管理排序优化方法

后勤与装备管理工作中存在许多需要排序优化或流程调优的问题。这类问题的共同特征就是要通过合理优化工作先后顺序，从而减少完成任务的总时间，提高工作效率。其本质是要解决如何按时间的先后，将有限的人力、物力资源分配给不同的工作任务，使预定目标最优化的问题，在运筹学中，常把这类问题称为排序问题。

一、基于 $1 \times n$ 型的工作排序优化分析

例 9 - 11 5 个不同部队 F_1、F_2、F_3、F_4、F_5，要从同一个渡口逐个航渡到对岸执行任务，且已知各部队航渡时间（h）分别为 3、2、1、1.5、0.5。问：怎样合理安排各部队的航渡顺序，才能使到达对岸所需要的总时间最短？

解： 我们先对这个问题进行分析。到达对岸所需要的总时间为各个部队到达对岸的时间之和，而每个部队到达对岸的时间又都包括两部分，即航渡时间与等待时间。航渡时间，无论各部队的航渡次序怎样安排，它都是不会改变的，因此，要使到达对岸所需要的总时间最短，只能在等待时间上想办法。

由给定条件知，渡口只有一个，而通过它执行任务的部队有 5 个，且渡河是按部队逐个进行。这类问题属于运筹学中典型的最优排序或流程调优问题。其一般描述可用生产进度计划说明如下。

设有 n 种产品，依次在 m 台机床上进行加工，各种产品在每台机床上的加工时间通常是不同的；某产品在某机床上加工时，其他产品就不能在这台机床上加工。要求排出一个加工次序，使其总的加工时间最短。这就是一般的 $n \times n$ 型排序问题。

本例中，$m = 1$，$n = 5$，因此属于 1×5 型排序问题。对这个排序问题，如果 5 个部队任意进行安排，那么根据排列理论可知，一共可排列出 120 种（5!）不同的航渡顺序。而要从这 120 个可能方案中通过逐个计算的方法找出最优排序则是相当麻烦的。

事实上，由运筹学的相关理论可知，只要把部队按航渡时间由小到大的顺序排列，即可得到这次航渡的最优排序为 $F_5 \rightarrow F_4 \rightarrow F_3 \rightarrow F_2 \rightarrow F_1$，到达对岸所需要的总时间为 18h。这样排序比按部队编号由小到大（$F_1 \rightarrow F_2 \rightarrow F_3 \rightarrow F_4 \rightarrow F_5$）的次序组织渡河，总时间节省了 11.5h。如表 9 - 8 和表 9 - 9 所示。

表 9 - 8 部队按航渡时间由小到大的顺序排列

部队	F_5	F_4	F_3	F_2	F_1	合计
航渡时间/h	0.5	1	1.5	2	3	8
等待时间/h	0	0.5	1.5	3	5	10
到达对岸所需时间/h	0.5	1.5	3	5	8	18

表 9 – 9　按部队编号由小到大的顺序排列

部队	F_1	F_2	F_3	F_4	F_5	合计
航渡时间/h	3	2	1	1.5	0.5	8
等待时间/h	0	3	5	6	7.5	21.5
到达对岸所需时间/h	3	5	6	7.5	8	29.5

上述问题是当 $m = 1$ 时的最优排序问题，下面接着讨论 $m = 2$ 时的情形。

二、基于 $2 \times n$ 型的工作排序优化分析

例 9 – 12　某部组织两个装备检查小组，依次对所属的 6 个单位的装备器材进行检查，每个单位先检查维护保养情况，后检查操作使用情况，按照交叉流水作业方法组织实施。各单位每项检查所需时间，凭经验可作出估算，具体见表 9 – 10。试问：如何安排 6 个单位接受检查的先后顺序可使这次检查所用的时间最短？

表 9 – 10　各单位检查所需时间

所需时间/天	单位 1	单位 2	单位 3	单位 4	单位 5	单位 6
维护保养	3	3	4	4	5	2
操作使用	4	2	5	3	4	3

这个问题可归结为 $2 \times n$ 型排序问题。其最优顺序的求解方法已在 1954 年由美国学者约翰逊提出。下面，在该方法的基础上结合本例介绍另外一种更为简便的求解方法。

解：

（1）按列取小。比较表中每列的两个值，删去较大值（相等时删去下一行的值），保留较小值，如表 9 – 11 所列。

表 9 - 11　按列取小

所需时间/天	单位 1	单位 2	单位 3	单位 4	单位 5	单位 6
维护保养	3		4			2
操作使用		2		3	4	

（2）单项排序。根据保留值的大小对各单位进行排序。排序规则是："维护保养"这一行所在行按照保留值从小到大的顺序，对各单位进行排列；"操作使用"与之相反，按照保留值从小到大的顺序，对各单位进行排列，当同一行有两个以上相等的保留值时，顺序可任意安排。

根据上述排序规则由表 9 - 11 得："维护保养"所在行的检查顺序为单位 5→单位 1→单位 3；"操作使用"所在行的检查顺序为单位 5→单位 4→单位 2。

（3）总体排序。总体排序规则是将"操作使用"所在行的检查顺序接在维护保养这一行的排序后面。

此例中，整个检查顺序为单位 6→单位 1→单位 3→单位 5→单位 4→单位 2。

为清楚起见，可依据上述排序结果，绘制出如图 9 - 14 的检查工作流程图。

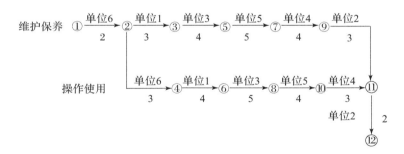

图 9 - 14　检查工作流程图

最优排序或流程调优问题是现实工作和生活中一类问题的抽象，它在后勤与装备管理工作中有众多的具体原型。除本节所涉及的范围及所讨论的问题之外，制定后装保障计划、训练计划、检查评比乃至组织参观等工作中的许多问题，都可以归结为最优排序或流程调优问题。

另外，本节仅对 $1 \times n$ 型和 $2 \times n$ 型两个比较简单的排序问题及其求解方法进行了讨论，至于 $3 \times n$ 型、$4 \times n$ 型等更复杂、更一般的排序问题，感兴趣的读者可参阅相关文献资料。

第十章　后勤与装备管理定量评价方法

第一节　后勤与装备管理评价指标体系构建方法

一、构建要求

1. 导向性要求

在评价系统中，评价指标体系的功能作用主要有两个：一个是抓手作用，也就是解决评价具体评什么的问题；另外一个更重要的作用则是它的导向作用。评价是一项具有鲜明导向性的工作，那么整个评价工作的导向性，则主要体现在它的评价指标体系上。评价指标体系就像一个无形的指挥棒，将强力影响和引导评价对象的行为方向。设置什么样的指标，评价对象就朝着哪个方向努力；哪项指标的分数高，评价对象自然就把主要精力往哪投。所以，构建指标体系的时候，必须要高度关注其中每一个指标的导向性，把导向正确与否作为考量它的一条重要标准。为此，一是对每个指标极性的定位一定要准确无误。指标体系当中，哪些指标是正向指标，哪些指标是逆向指标，哪些指标是适度指标，要认真分辨，稍有不慎就可能会出现导向性错误。二是指标外延界定一定要严谨、科学。要认真分析每个指标在实践当中可能产生的后果，不能因为疏忽大意而发生导向性错误。例如，美国一家急救站规定：送到站内的病人死亡率越低，其急救工作质量越高。但是，这个标准忽略了一点，即没有包括那些未到急救站而死在途中的人数。由于这一点被忽略，就产生了极坏的后果：当出诊医生发现病人的病情严重，估计有可能死在急救站的时候，为了减少在急救站里的死亡人数，他们常常盼咐司机把车开得慢一些，路走得远一点，宁肯让病人死在路上，也不让他死在站里。这究竟是什么原因？主要是"站内的病人死亡率"这项指标的外延不严谨出了问题。如果死亡率的外延包括从接诊到途中再到站内全过程，就可能避免类似问题的发生。三是核心指标的设置一定要合理。核心指标是指标体系当中能够反映评价对象最主要、最本质特征的指标，它通常具有唯一性和排他性。核心指标对整个评价指标体系的导向性往往具有决定性的影响，选择的时候必须慎之又慎。选择确定核心指标，对于评价一个单位或个人来说，必须抓住它的最主要职责与最核心能力。即评价对象的最主要职责与最核心能力是什么，就把什么作为评价它的核心指标。

2. 可行性要求

可行性要求主要是从评价条件和评价成本等角度，看评价指标体系是否具有可操作性。具体包括以下三点：一是末端指标明确具体。评价指标体系当中，真正管用或实际用于数据采集的是末端指标。因此，末端指标的内涵与外延一定要明确具体，否则，实际操作起来就十分困难。末端指标明确具体，这是对评价指标体系可行性的一个最基本的要求。二是指标信息易于采集。根据价值工程原理，评价工作效益与评价工作所投入的成本成反比。指标信息如果采集起来比较困难，投入成本较高，那么整个评价工作的效益必然要随之下降。三是评价指标体系的规模要适度。有人以为评价指标越多、越全面，其评价结果就越客观，然而事实并非如此。首先，指标过多，势必会增加信息采集、统计计算等工作量，进而加大评价工作成本，影响评价的可行性；其次，指标数量太多，势必会冲淡对评价对象一些主要方面的考察与评价，不利于突出重点，进而会影响评价结果的客观性；最后，二八定律告诉我们，对总体评价效果有决定性影响的只是少数或百分之二十左右的关键问题和关键因素。所以，只要抓住那百分之二十左右的关键问题、关键因素，建立起一个指标体系即可，而决不能求多求全、面面俱到，眉毛胡子一把抓。一定要使指标体系的规模保持一个适度的范围。那么，指标体系规模究竟多少才算适度？这个问题没有一个统一的标准，具体应该根据评价内容或评价问题的综合程度与复杂程度而定。不过关于评价指标体系的层次规模和指标数量有三个经验数据可供参考：整个评价指标体系的层次一般不宜超过三层；一级指标的数量宜在 3~9 个之间；末端指标的数量通常不宜超过 40 个。

3. 独立性要求

指标体系中每个评价指标应该力求独立代表评价对象的某一个侧面，避免指标之间相互交叠，甚至是相互包含。一个指标体系当中，如果多个指标之间存在相关或包含关系会产生如下弊端：一是因此会出现对某项内容的重复评价，这样就会在无形当中增大了该项评价内容的权重，进而影响到评价结果的科学性与客观性；二是因此又会无形当中增加对这些指标的信息采集、统计计算等评价工作量，进而会提高评价成本。所以，独立性也应该是考量指标体系优劣的一条重要标准。

4. 客观性要求

客观性就是一切从客观实际出发，一切按客观规律办事。它主要包括两层含义：评价指标体系一方面要能够客观地反映出所有评价对象的共同属性；另一方面又应该客观地体现出评价对象之间的内在差异，做到既突出共性，又兼顾个性，共性与个性相结合。共性与个性能否完美结合，不仅会影响一个评价指标体系的针对性和适用性，而且会影响整个评价工作的公平性和公正性。那么，这样一个目标怎么去实现，或者说，在评价指标体系构建和使用的时候，怎么处理和解决评价对象之间客观上存在的差异，从技术角度看，有以下几种解决途径：一是当评价对象之间个性差异较大，或大部分指标不能够通用时，指标体系应当分类构建。比如对士兵的考核与对干部的考核、对领导干部与一般干部的考核，对于不同军兵种后勤训练的考评等。二是当评价对象之间个性差异较小，或绝大部分指标能够通用，而只有少量指标不能通用时，可通过以下途径进行调解。

（1）弹性调节。即构建具有一定弹性的指标体系。弹性指标体系由通用性指标和个性化指标两部分组成，通用指标就是共同科目，它反映的是所用评价对象的共同属性，当然适用于所有评价对象；个性化指标反映的是评价对象之间的个性差异，可评价对象根据自身性质特点灵活进行选择，但所选指标的总量与实现难度应大体保持一致。

（2）权重调节。评价本质上是一种价值判断，具有相对性和主观性。同一事物的价值或重要程度，往往因人、因地、因时而异。在评价指标体系中，有的指标对于某些单位很重要，而对另一些单位却没那么重要，如军队资源节约工作中节约用水这项指标，对于驻扎在华北、西北等干旱地区的部队和驻扎在广西、广东等相对水资源比较丰富的部队来说，其重要程度是不一样的。那么这个客观差异怎么体现，对此，可设想通过变权的办法来进行处理，即在保持整个指标体系规模、结构基本不变的前提下，对同一指标通过设置不同权重的办法来体现评价对象之间的个性差异，例如，干旱缺水地区这项指标的权重大一些，水资源丰富地区的权重小一些。

（3）替代调节。如果指标体系当中，有的指标在一些单位不适合甚至根本不存在，但有更合适的指标可以替代，应允许各单位在保持指标体系总体规模和结构不变的情况下，根据自身的实际情况，按照"减一补一"的办法进行个别调整。

客观性所包括的第二层含义是，指标体系当中，指标的量化是否客观。客观上应该量化的指标是否得到量化，客观上不应该量化的指标是否强行量化，或进一步讲，指标体系当中定性定量相结合这条基本原则是否较好地得到体现。

二、一般步骤

评价指标体系构建，从程序上看通常分三步：体系初构、论证修改、试用完善。

（1）体系初构。体系初构就是基于对评价内容的理解，对评价指标体系进行初步架构。这一步通常有 5 项具体工作要做，简称"一分四明"。所谓"一分"，就是从评价内容出发，通过逐层分解的办法，一层一层地进行分解细化，从而形成一个初步的评价指标体系架构。这其中包括各个指标的名称，也包括它们之间的相互逻辑关系。所谓"四明"，就是要明确末端指标内涵外延、明确末端指标基本导向、明确末端指标考察方式、明确末端指标计量方法。"四明"之所以主要强调的是末端指标，这是因为末端指标是整个指标体系当中直接用于信息采集和统计评价的指标，它们的内涵外延是否明确、导向是否正确、考察方式是否可行、计量方法是否科学合理，将对整个评价工作的质量和效益产生直接影响，这与军队的重点工作在基层是完全一样的。体系初构，除了做好这 5 项主要工作之外，需要注意的是，在对同一个指标往下进行分解的时候，一定要使用统一的或唯一的分类标志。只有使用统一的或唯一的分类标志，才可以避免它所分解出来的各个子指标之间相互交叉、重复。保证彼此的独立性。

（2）论证修改。就是指标体系初步形成之后，必须要广泛征求各方面的意见，对其进行论证、修改。尤其是同行专家、上级领导机关和评价对象或参评单位的意见。

（3）试用完善。就是选择若干具有代表性的试点单位，使用修改后的指标体系对其进行实际评价。然后，根据试点中发现的问题，再次进行修改完善，最终形成一个相对比较科学、客观、合理、实用的指标体系，为将来整个评价工作实施奠定坚实的基础。

三、构建方法

（1）正向法。正向法也称为层层分解法。所谓层层分解法，按照字面意思就是一层一层进行分解。按照评估对象所需评估的内容，逐层进行分解，然后按照需要进行筛选，提炼出为评估对象所服务的指标。这里的逐层分解，是由评估内容出发，按照指标体系从高级到低级的顺序进行分解，直至不能或者不需要分解为止，并且每分解一次都要同时进行一次筛选。最后得到整个指标体系。如图 10 – 1 所示。

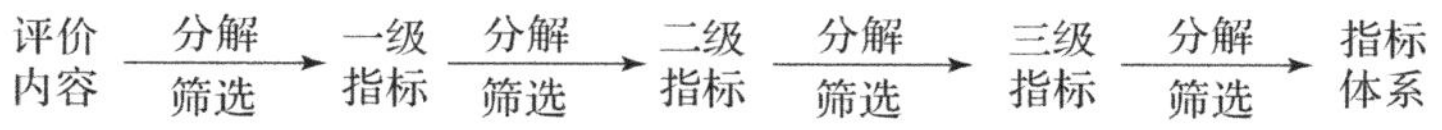

评价内容 —分解筛选→ 一级指标 —分解筛选→ 二级指标 —分解筛选→ 三级指标 —分解筛选→ 指标体系

图 10 – 1　层层分解法

（2）逆向法。逆向法也称为层层聚类法。它与正向法相反，逆向法侧重于把所有与评估对象有关的指标因素都列出，然后把它们依照共同的特性或服务于共同的主体的要素聚类统一，得出大的指标分类，最后将其进行综合，得出指标体系，如图 10 – 2 所示。这里须注意的是所列指标要全面能够说明问题，但又不可过多，以免造成聚类工作的过分烦琐；另外，对指标的聚类要有科学依据，不可盲目乱归类，以免影响评估的计算工作。

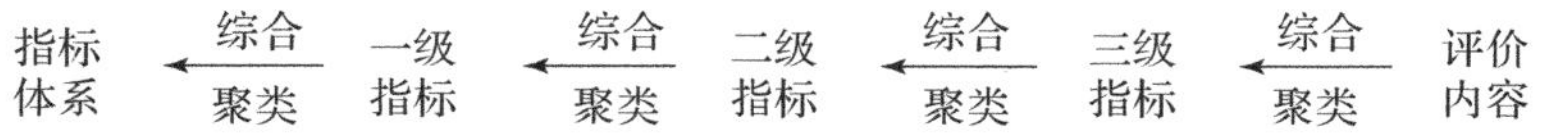

指标体系 ←综合聚类— 一级指标 ←综合聚类— 二级指标 ←综合聚类— 三级指标 ←综合聚类— 评价内容

图 10 – 2　层层聚类法

正向法和逆向法各自有不同的使用时机，一般来说，对于一个新的或别人没有涉足的评价问题，由于没有现成的指标体系可资借鉴，此时，适宜采用正向法来构建指标体系；而对于一个既有的评价问题，有许多现成的指标体系可供参考，此时，适宜采用逆向法来构建指标体系。

第二节　后勤与装备管理评价指标权重确定方法

评价指标权重是指标在整个指标体系中相对重要程度的量数，也称为权重系数、权值或权数。其总和一般取 1，10，100 或 1000，可视具体情况而定。确定指标权重同样有许多方法，这里仅以机关干部素质评价为例（为便于说明问题，只取思想素质、业务素质和身心素质这三项评价指标。）介绍其中一种简单而实用的方法，即专家打分法。

专家打分法的具体做法是：先把指标的重要性分为若干等级并赋予相应的分值（表 10－1）；然后请专家根据对各项指标的重要性做出判断并打分；回收统计专家的打分结果，并对其进行按行求和与归一化处理，最后求得思想素质、业务素质、身心素质的权重分别为 0.25、0.40、0.35（表 10－2）。

表 10－1　评价指标重要程度专家打分表

指标＼等级	很重要 （9~10分）	重要 （7~8分）	比较重要 （5~6分）	一般 （3~4分）	不太重要 （1~2分）
思想素质					
业务素质					
身心素质					

表 10－2　评价指标的权重求解过程

指标	专家打分结果统计					按行求和	归一化处理
	专家1	专家2	专家3	专家4	专家5		
思想素质	5.5	4.5	6	5	4	25	25/100 = 0.25
业务素质	8	9	8.5	7.5	7	40	40/100 = 0.40
身心素质	6	8	8	7	6	35	35/100 = 0.35

此外，也可以利用层次分析法确定评价指标的权重。

第三节　后勤与装备管理加权平均评价法

一、评价指标的标准化方法

在进行评价的时候，经常要遇到这样一个比较棘手的问题，即评价指标体系中，各个指标的计量单位（量纲）和取值范围往往是大不一样的。例如，对营区规划评价中，营区建筑密度（万平方米/每公顷）和营区道路长度（千米）这两个指标就是如此。这样，为了进行综合评价，就面临如何将具有不同量纲或不可比性质的各种指标值，通过某种手段转化为可以进行定量比较的无量纲的指标值的问题。这一过程，在评价理论中称为评价指标的标准化。下面介绍一种常用的标准化方法——临界值法。

临界值是衡量或描述事物在发展变化过程中优劣界限的一些特殊值，比如极大值、极小值，满意值、不允许值等。由于每个评价指标值都是在一定区间为变化的量，所以，临界值往往不是单一的，而是一大一小成对出现的（如考试成绩 60 分以下为不及格，90 分以上为优秀）。对此，为了叙述方便，我们把其中的数值较小者称为下临界值、数值较大者称为上临界值。根据对评价指标值大小的取向要求，临界值法的具体计算公式如下。

对于取值要求越大越好的评价指标，即正指标：

$$y = \begin{cases} 0 & x \leqslant m \\ \dfrac{x-m}{M-m} & m < x < M \\ 1 & x \geqslant M \end{cases} \qquad (10-1)$$

对于取值要求越小越好的评价指标，即逆指标：

$$y = \begin{cases} 1 & x \leqslant m \\ \dfrac{M-x}{M-m} & m < x < M \\ 0 & x \geqslant M \end{cases} \qquad (10-2)$$

式中：x 为实际值；y 为换算后的标准值，且 $0 \leqslant y \leqslant 1$。

遍过上述公式，可以将指标的实际值转化为没有量纲的标准值，同时标准值的大小被规范在 [0,1] 内，各个指标均变成了"正"指标。

例 10 – 1 在某部进行的一次正规化建设检查评比中，3 个所属单位关于办公秩序、制度落实、节约经费和车辆违章 4 项指标的单项评价结果如表 10 – 3 所列，试用临界值法对各指标值进行标准化。

表 10 – 3　各评价对象的单项评价结果（实际值）

评价指标 单位	办公秩序/分	制度落实/分	节约经费 /万元	车辆违章/次
甲	85	82	0.8	0
乙	84	76	2.1	1
丙	96	92	0.7	3

解： 首先确定出各个评价指标的上下临界值。比如，对办公秩序、制度落实、节约经费和车辆违章 4 个评价指标的上下临界值可分别假定为 $m_1 = 70$，$M_1 = 95$；$m_2 = 60$，$M_2 = 90$；$m_3 = 0$，$M_3 = 3$；$m_4 = 0$，$M_4 = 4$。

其次，应判定出各个指标的取向要求，即正逆性质，进而选择不同的标准化公式。

评价指标中前三个评价指标均属于正指标，故均应选择式（10 – 1）对各单位的实际评价值进行标准化。如甲单位关于"办公秩序"的实际评价值经标准化处理后为

$$y_{11} = \frac{x_{11} - m_1}{M_1 - m_1} = \frac{85 - 70}{95 - 70} = 0.60$$

"车辆违章"属于逆指标，故应选择式（10 – 2）来进行标准化。如乙单位关于该项指标的实际评价值经标准化处理后为

$$y_{24} = \frac{M_4 - x_{24}}{M_4 - m_4} = \frac{4 - 1}{4 - 0} = 0.75$$

类似地，可以求出所有评价对象关于每一个指标的标准值，如表 10 – 4 所列。

表 10 － 4　各评价对象的单项标准值

评价指标 单位	办公秩序	制度落实	节约经费	车辆违章
甲	0.60	0.73	0.27	1.00
乙	0.56	0.53	0.70	0.75
丙	1.00	1.00	0.23	0.25

二、加权平均评价模型

前面讨论了综合评价的一些准备工作，或者说是数据的预处理，下面介绍基于加权平均评价模型的两种综合方法。

（1）加权算术平均法。这是最常见的综合方法，其综合评价值的计算公式为

$$S = \sum_{i=1}^{n} w_i y_i = w_1 y_1 + w_2 y_2 + \cdots + w_n y_n \qquad (10-3)$$

其中：S 为综合评价值；y_i、w_i 分别为第 i 个评价指标的标准值和权重。

加权算术平均可以有许多变式或变型，这主要取决于指标权重的选取。

例如，当 $w_i = \dfrac{1}{n}$ $(i = 1, 2, \cdots, n)$ 时，它就是通常意义的算术平均，即

$$S = \frac{1}{n} \sum_{i=1}^{n} y_i = \frac{y_1 + y_2 + \cdots + y_n}{n}$$

当 $w_i = 1$ $(i = 1, 2, \cdots, n)$ 时，它就变成普通加法，即

$$S = \sum_{i=1}^{n} y_i = y_1 + y_2 + \cdots + y_n$$

（2）加权几何平均法。其综合评价值的计算公式为

$$S = \prod_{i=1}^{n} y_i^{w_i} = y_1^{w_1} \times y_2^{w_2} \times \cdots \times y_n^{w_n} \qquad (10-4)$$

加权几何平均同样有许多变式或变型。例如，当 $w_i = \dfrac{1}{n}(i = 1, 2, \cdots, n)$ 时，它就是常见的几何平均，即

$$S = \prod_{i=1}^{n} y_i^{w_i} = y_1^{\frac{1}{n}} \times y_2^{\frac{1}{n}} \times \cdots \times y_n^{\frac{1}{n}} = \sqrt[n]{y_1 y_2 \cdots y_n}$$

当 $w_i = 1$ （$i = 1, 2, \cdots, n$）时，它就变成普通乘法，即

$$S = \prod_{i=1}^{n} y_i = y_1 y_2 \cdots y_n$$

加权算术平均的特点是把各项 $w_i y_i$ 相加求得综合评价值 S。因此，它在许多情况下能较好地反映出各评价对象在总体上的优劣，运算也比较简单。其缺点：一是灵敏度不够高，当评价对象水平相差不大时，很难明确地判断出孰优孰劣；二是受个别指标极端值的影响，当某项指标的评价值过大时，容易产生"一俊遮百丑"的现象。

加权几何平均的特点是把各项 $y_i^{w_i}$ 进行连乘求得综合评价值 S。它强调各项指标均衡发展，且灵敏度较高，分辨能力较强，容易拉开评价对象之间的差距。其缺点：一是受个别指标极小值的影响较大，容易产生"一丑遮百俊"的现象；二是当评价指标数量较多时，连乘后的结果数量太大。

为了克服上述两种方法的弊端，对某些问题最适宜的方法是将二者结合起来使用，即对每个大类内部的各指标采用加权算术平均算法求值，而对大类指标之间则采用加权几何平均算法求值，或对一般指标采用加权算术平均，对核心指标采用加权几何平均。

试分别用上述两种方法对该部 3 个所属单位的正规化建设水平做出综合评价。

解： 假如各项指标的权重已经确定，办公秩序、制度落实、节约经费和发生事故的权重分别为 0.20、0.40、0.10、0.30。下面根据表 10 - 2 中的数据，分别按加权算术平均和加权几何平均，对甲、乙、丙 3 个单位的正规化建设水平进行综合评价。

由式（10 - 3）即按照加权算术平均法计算出来的结果为

$$S_甲 = 0.60 \times 0.20 + 0.73 \times 0.40 + 0.27 \times 0.10 + 1.00 \times 0.30 = 0.739$$

$$S_乙 = 0.56 \times 0.20 + 0.53 \times 0.40 + 0.70 \times 0.10 + 0.75 \times 0.30 = 0.619$$

$$S_丙 = 1.00 \times 0.20 + 1.00 \times 0.40 + 0.23 \times 0.10 + 0.25 \times 0.30 = 0.698$$

由式（10 - 4）即按照加权几何平均法计算出来的结果为

$$S_甲 = 0.60^{0.20} + 0.73^{0.40} + 0.27^{0.10} + 1.00^{0.30} = 0.698$$

$$S_乙 = 0.56^{0.20} + 0.53^{0.40} + 0.70^{0.10} + 0.75^{0.30} = 0.611$$

$$S_{丙} = 1.00^{0.20} + 1.00^{0.40} + 0.23^{0.10} + 0.25^{0.30} = 0.569$$

两种算法得到了不同的评价结果，属于正常情况。有兴趣的读者可以进一步考虑如何对它们进行集结或综合。

第四节　后勤与装备管理模糊综合评价法

在后勤与装备管理评价或检查评比工作中，经常会遇到一些指标边界不清、难以直接量化的评价问题，如人员的思想素质、机关作风、领导水平、医生医德、后勤单位服务态度、军人生活质量、精神文明建设等。对于这样一些问题的评价，传统是采用逐条逐项打分的办法进行的。但是，在实际打分的过程中，对某个评价对象的某项指标究竟应该打 80 分，还是打 81 分，则往往具有较大的主观性和随意性，这样，在此基础上产生的汇总结果的真实性、准确性也就会大打折扣。对此，正确的解决思路是：模糊问题要模糊处理，一开始就刻意追求精确，其最终结果反而不精确。模糊综合评价法正是基于这样一个基本思路处理带有模糊性质的评价问题的有效方法。其最大特点是充分考虑人们对实际对象进行评价时的经验知识，同时简便易行，有效度高，已经在军事管理实践中得到了广泛应用。

一、主要思想

（1）精确与模糊相结合的辩证思想。模糊数学理论认为，高复杂性与高精度是互相排斥的。对于具有模糊性现象的复杂系统，刚开始就刻意追求精确反而结果不精确。而适当地模糊一点，不但容易使问题得到解决，同时结果也相对比较合理。所以，模糊评价法特别强调对清晰事物用精确方法处理，对模糊事物用模糊方法处理。

（2）定性与定量相结合的系统集成思想。模糊评价理论虽然强调对模糊现象要模糊处理，但并不是纯粹的定性处理，或者说不需要量化，而是也要量化。但在量化的时候，一定要先定性后定量。进一步讲，要首先发挥人脑识别和判断事物能力强、速度快的特长，或依据人的经验和智慧进行定性判断，然后再将人的定性判断用经典数学方法进行定量分析处理，最终形成评价结论。

二、实施步骤

模糊综合评价法是通过构造等级模糊子集，把反映被评事物或评价对象的模糊指标进行量化（即确定隶属度），然后利用模糊合成原理对各指标进行综合。一般需要按以下四个步骤进行。

1. 构建评价指标集和评价等级集

评价指标集，是评价指标集合的简称，进一步讲，也就是评价指标体系。这里表示为 $U = \{u_1, u_2, \cdots, u_n\}$。

评语等级集，是评语等级集合的简称。这里表示为 $V = \{v_1, v_2, \cdots, v_n\}$。

每个评语等级都对应一个模糊子集。一般情况下，评语等级的个数在 3 ~ 9 个之间，且取奇数的情况较多。具体评语可以依据评价内容用适当的语言描述，比如评价后勤人员的能力，可取 $V = \{很强, 强, 一般, 较差, 差\}$，评价后勤与装备建设水平，可取 $V = \{很高, 高, 一般, 较低, 低\}$，等等。

2. 确定评价指标的权重

权向量就是由各个评价指标的权重所构成的向量，其确定的要求、方法等同前面介绍的一样。这里表示为 $W = \{w_1, w_2, \cdots, w_n\}$。

3. 建立单项评价矩阵

在建立评价指标集合与构造评语等级后，就要逐个对评价对象从每个指标上进行量化，也就是确定从单项指标来看评价对象对各个评语等级的隶属程度，进而得到单项判断矩阵：

$$R = \begin{bmatrix} r_{11} & r_{12} & \cdots & r_{1m} \\ r_{21} & r_{22} & \cdots & r_{2m} \\ \cdots & \cdots & \cdots & \cdots \\ r_{n1} & r_{n2} & \cdots & r_{nm} \end{bmatrix} \quad (0 \leqslant r_{ij} \leqslant 1)$$

矩阵 R 中的第 i 行第 j 列元素 r_{ij}，表示某个评价对象从指标 u_i 来看，对评语等级 v_i 的隶属度，其具体可通过统计的办法来求出。例如，对某人 Z 的作风纪律进行模糊评价，可让一批评价者（共 K 人）分别给出其对 Z 作风纪律表现情况的看法并统计结果，见表 10 – 5。

表 10 – 5 隶属度的求解

评语等级	v_1	v_2	$\cdots$	v_j	$\cdots$	v_m
认为 Z 属于某等级的人数	k_1	k_2	$\cdots$	k_j	$\cdots$	k_m
Z 对 v_j 的隶属程度	k_1/k	k_2/k	$\cdots$	k_j/k	$\cdots$	k_m/k

4. 进行模糊综合评价

综合评价一般分以下两步进行。

（1）进行模糊合成。即首先选用采用合适的合成算子将指标权向量 W 和单项评价矩阵 R 进行合成，得到评价对象的模糊综合评价向量 S。其具体表达式为

$$S = W \otimes R = (w_1, w_2, \cdots, w_n) \otimes \begin{bmatrix} r_{11} & r_{12} & \cdots & r_{1m} \\ r_{21} & r_{22} & \cdots & r_{2m} \\ \cdots & \cdots & \cdots & \cdots \\ r_{n1} & r_{n2} & \cdots & r_{nm} \end{bmatrix} = (s_1, s_2, \cdots, s_m)$$

$$(10 - 5)$$

其中：$\otimes$ 为模糊合成算子，通常取普通矩阵乘法；s_j 为模糊综合评价向量 S 的第 j 个分量，且有：

$$s_j = \sum_{i=1}^{n} w_i r_{ij} = w_1 r_{1j} + w_2 r_{2j} + \cdots + w_n r_{nj} \quad (j = 1, 2, \cdots, m)$$

模糊综合评价向量 S 中的每一个分量 s_j，它表示评价对象从整体上看隶属于评语等级 v_i 的程度。其次，确定等级。即确定出评价对象的最终评价等级或给出一个定性评语。

从式（10 – 5）可以看出，模糊综合评价的结果为一个模糊向量，这与其他评价方法中最终结果都是一个点值是不同的。它虽然包含了更丰富的信息，但对被评事物的评价等级的确定却带来一定的困难。对此，模糊数学创始人扎德提出的解决办法是：根据模糊综合评价向量 S 中的最大分量来确定最终评价等级，即如果 $s_k = \max\{s_1, s_2, \cdots, s_m\}$，那么，评价对象的最终评价等级就确定为 K 级。

例 10 – 2 某单位后勤保障情况的模糊综合评价。评价指标集取 $U = \{$ 医

疗保障,饮食保障,住房保障,用车保障};根据评价内容,评语等级集取 $V =$ {优,良,中,可,差};评价指标的权向量假设已经确定 $\boldsymbol{W} = (0.20, 0.30, 0.40, 0.10)$。

为了得到该单位对 U 中四项指标的隶属度 r_{ij},可通过民主测评的方式来征询群众的意见。比如经过统计整理,在调查的人员中有 20% 的人认为该单位的医疗保障水平为优秀,分别有 40%、30% 和 10% 的人认为良好、中等和尚可,没有人认为是差,那么,就可以得到该单位医疗保障水平这项指标隶属于 V 中各个评语等级的程度:0.20,0.40,0.30,0.10,0.00。

类似地,可以得到该单位其他各项指标隶属于 V 中各个评语等级的程度(见表 10 - 6)。

表 10 - 6　某单位后勤保障情况调查统计结果

等级 指标	优	良	中	可	差
医疗保障	0.20	0.40	0.30	0.10	0.00
饮食保障	0.10	0.20	0.40	0.20	0.10
住房保障	0.00	0.30	0.20	0.40	0.10
用车保障	0.30	0.10	0.50	0.00	0.10

这样,所建立单项评价矩阵为

$$\boldsymbol{S} = \begin{bmatrix} 0.20 & 0.40 & 0.30 & 0.10 & 0.00 \\ 0.10 & 0.20 & 0.40 & 0.20 & 0.10 \\ 0.00 & 0.30 & 0.20 & 0.40 & 0.10 \\ 0.30 & 0.10 & 0.50 & 0.00 & 0.10 \end{bmatrix}$$

由式(10 - 5)可得:

$$\boldsymbol{S} = (0.2, 0.3, 0.4, 0.1) \otimes \begin{bmatrix} 0.20 & 0.40 & 0.30 & 0.10 & 0.00 \\ 0.10 & 0.20 & 0.40 & 0.20 & 0.10 \\ 0.00 & 0.30 & 0.20 & 0.40 & 0.10 \\ 0.30 & 0.10 & 0.50 & 0.00 & 0.10 \end{bmatrix}$$

$$= (0.10, 0.27, 0.31, 0.24, 0.08)$$

即该单位后勤保障情况的整体水平隶属于优、良、中、可、差的程度分别为 0.10、0.27、0.31、0.24、0.08。

根据扎德提出的确定评价等级的方法，该单位后勤保障情况的整体属于中等水平。

最后需要说明的是，使用模糊综合评价法时，当综合评价向量中有两个以上最大分量或评价对象较多且需要排序时，扎德提出的确定评价等级的方法是无效的。为此，可采取主观赋值等单值化方法将模糊综合评价向量转化成一个点值，再确定等级或对各个评价对象进行排序，其具体做法请见有关参考书。

应 用 篇

第十一章　后勤与装备管理定量分析方法的应用

第一节　后勤统计数据质量影响因素的深度分析

通过统计问卷调查获取军队后勤统计数据质量的相关数据，在进行简单的描述性统计分析的基础上，需要找出影响后勤统计数据质量的相关因素，并进行多元统计分析，试图找出提高后勤统计数据质量的方法。提高后勤统计数据质量是一项复杂的系统工程，且各影响因素之间必然相互交叉、相互作用，不能仅靠定性分析的方法，必须要运用定性与定量相结合的分析方法，才能准确查找出影响我军后勤统计数据质量的深层次原因。常用的分析方法是探索性因子分析（EFA）。它能将杂乱无章的变量重新排列组合，并找出隐藏的具有代表性的因子，将众多的影响因素浓缩成数量较少的几个互不相关的因素，并使其能够涵括所有影响因素对后勤统计数据质量产生的效果，便于查找影响我军后勤统计数据质量的主要因素。

一、影响因素量表题项的设计

后勤统计数据质量影响因素量表是分析影响军队后勤统计数据质量相关因素的主体部分，题项设计应力求科学合理。在定性分析影响后勤统计数据质量的八个因素基础上，又征询有关专家意见和查询相关资料，最终综合整理并确定了量表的基本架构，从领导重视程度、组织机构设置、统计人员、法规标准、评价体系、基础设施、方法运用和数据管理8个方面，设计了21个关于后勤统计数据质量影响因素的题项。

量表设计的21个问题全部为正向题，量表回答选项被划分为完全不符合、多数不符合、半数不符合、多数符合、完全符合五个层次，选项计分采用国际通用的李克特量表的方式，分别给予1分、2分、3分、4分、5分。受试者在量表的总得分越高，表示军队后勤统计数据质量管理的现状越好。结合因果分析定性得出的初步结论，本文给出了量表题项编号及其具体内容，详见表 11 - 1。

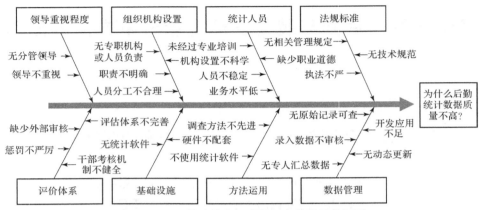

图 11 - 1　后勤统计数据质量不高的因果分析图

表 11 - 1　后勤统计数据质量影响因素量表的题项设计表

序号	影响因素	量表题项编号及其内容
1	领导重视程度	B01. 各单位都有分管领导或部门领导专门负责后勤统计工作； B02. 各单位领导都很重视后勤统计数据质量，作用发挥很明显
2	组织机构设置	B03. 各单位都设置有专门的机构或人员负责后勤统计数据的采集； B04. 各单位统计机构或统计人员都有很明确的职责
3	统计人员	B05. 各单位负责后勤统计工作的人员都经过专业培训； B06. 各单位负责统计工作的人员保持稳定，不经常变更人员
4	法规标准	B07. 各单位都有涉及后勤统计数据质量管理的相关法规； B08. 各单位都会很严格地执行后勤统计数据质量管理的相关法规
5	评价体系	B09. 各单位都会对统计数据进行严格审核后才进行上报； B10. 各单位对虚报、瞒报、随意篡改等严重影响统计数据质量的行为都会进行严厉惩罚； B11. 各单位分管领导或部门领导都要对违反统计数据质量管理法规的行为承担相应的责任； B12. 各单位都有很完整的后勤统计数据质量评估指标体系来检验统计数据质量

序号	影响因素	量表题项编号及其内容
6	基础设施	B13. 各单位都购置了相应的计算机和网络设备来改善统计工作条件； B14. 目前各单位各专业都配发了相应配套的统计软件
7	方法运用	B15. 在进行统计调查时各单位都会经常性地使用抽样调查等先进的调查方法； B16. 各单位各业务部门都会经常性地运用相应的统计软件进行数据统计分析
8	数据管理	B17. 各单位上报的统计数据都会有原始记录可供查阅； B18. 各单位采集的数据要进行严格的审核才能进行数据录入； B19. 各单位都有专机人员对后勤各业务口的数据进行汇总； B20. 各单位的后勤统计数据都能进行动态的数据更新； B21. 各单位都能够很好地开发利用统计调查所得到的后勤统计数据

二、影响因素量表的相关检验

在量表完成测试之后，一方面需要对量表题项间进行同质性检验，以达到对个别题项进行筛选或修改的目的；另一方面又要检验量表获得的数据是否适合进行因子分析，还需要对量表进行可行性检验。本文量表同质性检验采用了两种不同的方法，目的是对量表的同质性进行全面检验，并验证筛选个别题项的合理性，以便得到更加科学准确的调查结果。在进行量表相关检验之前，首先要明确两个概念：一个是共同性；一个是特征值。

共同性 h_i^2，就是每个变量在每个共同因子的负荷量的平方总和，也就是个别变量可以被共同因子解释的变异量百分比，从共同性的大小可以判断这个原始变量与共同因子间的关系程度。共同性的数学表达式可写为

$$h_i^2 = a_{i1}{}^2 + a_{i2}{}^2 + a_{i3}{}^2 + \cdots + a_{im}{}^2 (i = 1, \cdots, n) \qquad (11-1)$$

其中：$a_{ij}(i=1,\cdots,n, j=1,\cdots,m)$ 是因子负荷量或组型负荷量[①]。

特征值 λ_j，就是每个变量在某一共同因子的因子负荷量的平方总和，将每个共同因子的特征值除以总题数就为每个共同因子可以解释量表的变异量。

---

① 因子负荷量是因素结构中原始变量与因素分析时抽取出的共同因子之间的相关系数。当因子之间的相关为 0 时，因子与变量之间的相关系数也称为结构负荷量。

在因子分析的共同因子抽取中，特征值最大的共同因子会最先被抽取，其次是次大者，最后抽取的共同因子的特征值会最小，通常会接近于0。特征值的数学表达式可写为

$$\lambda_j = a_{1j}{}^2 + a_{2j}{}^2 + a_{3j}{}^2 + \cdots + a_{nj}{}^2 (j = 1, \cdots, m) \qquad (11-2)$$

其中：$a_{ij}(i = 1, \cdots, n \; j = 1, \cdots, m)$ 是因子负荷量或组型负荷量。

1. 基于共同性和因子负荷量的同质性检验

共同性表示题项能解释共同特质或属性的变异量，其数学表达式如式 (11-1)。下面将后勤统计数据质量影响因素量表限定为一个因子时，整个量表只表示有一个行为或潜在特质，因而共同性的数值越高，表示能测量到的这个行为或潜在特质的程度愈多；相反，如果题项的共同性愈低，表示此题能测量到的这个行为或潜在特质的程度越少。也就是说，共同性较低的题项与量表的同质性也较少，因而该题项可考虑删除。至于因子负荷量则表示题项与因子的关系的程度，题项在共同因子的负荷量越高，表示题项与共同因子（总量表）的关系越密切，亦即其同质性越高；相反，题项在共同因子的负荷量越低，表示题项与共同因子（总量表）的关系越不紧密，亦即其同质性越低。

表11-2为限定一个因子时，量表共同性提取值，根据共同性提取值的大小，可以了解各题项所要测量共同因子的高低。一般而言，共同性值若低于0.20（此时因子负荷量小于0.45），表示该题项与共同因子间的关系不密切，此时该题项可考虑删除。因此从表11-2中的提取值可以发现，第B13题项的共同性只有0.021，表示B13题项与共同因子"影响后勤统计数据质量的因素"的关系甚微，故可考虑将此题项删除。

表 11-2　限定 1 个因子时量表的共同性

题项	初始值	提取值	题项	初始值	提取值
B01	1.000	0.444	B12	1.000	0.612
B02	1.000	0.272	B13	1.000	0.021
B03	1.000	0.283	B14	1.000	0.295
B04	1.000	0.460	B15	1.000	0.451
B05	1.000	0.500	B16	1.000	0.295
B06	1.000	0.272	B17	1.000	0.489

续表

题项	初始值	提取值	题项	初始值	提取值
B07	1.000	0.596	B18	1.000	0.576
B08	1.000	0.641	B19	1.000	0.643
B09	1.000	0.515	B20	1.000	0.648
B10	1.000	0.338	B21	1.000	0.441
B11	1.000	0.609			

表 11 - 3 为限定一个因子时得到的成分矩阵，当因子负荷量值小于 0.45 时，表示该题项与共同因子间的关系不密切，此时该题项可考虑删除。因此从附表 3 中的因子负荷量可以发现，第 B13 题项的因子负荷量只有 0.143，表示 B13 题项与共同因子"影响后勤统计数据质量的因素"的关系甚微，故可考虑将此题项删除。

表 11 - 3 限定 1 个因子时量表的成分矩阵

题项	成分	题项	成分
	1		1
B01	0.666	B12	0.782
B02	0.522	B13	0.143
B03	0.532	B14	0.543
B04	0.678	B15	0.672
B05	0.707	B16	0.543
B06	0.521	B17	0.699
B07	0.772	B18	0.759
B08	0.801	B19	0.802
B09	0.718	B20	0.805
B10	0.581	B21	0.664
B11	0.781		

2. 基于信度检验的同质性检验

信度是指测验或量表工具所测得结果的稳定性及一致性，量表的信度越大，则其测量标准误越小。[①] 在态度量表法中常用的检验信度的方法为 L. J. Cronbach 所创的 α 系数，其公式为

$$\alpha = \frac{K}{K-1}\left(1 - \frac{\sum S_i^2}{S^2}\right) \qquad (11-3)$$

其中：K 为量表所包括的总题数；α 为量表题项的方差总和；S^2 为量表题项加总后方差。

从公式中可以发现量表的题项数越多时，$\dfrac{K}{K-1}$ 的值越接近 1，$\dfrac{\sum S_i^2}{S^2}$ 的值越接近 0，因而内部一致性 α 系数也会接近 1。因此，如果量表所包含的题项数越多，内部一致性 α 系数一般而言会越高，删除某一题项后，量表的内部一致性 α 系数相对会变小，但若删除某个题项后，量表的内部一致性 α 系数反而会变大，则此题所欲测量的行为或潜在特质与其余量表题项所欲测量的行为或潜在特质并不同质，故此题项可考虑删除。

一份信度理想的量表，其总量表的内部一致性 α 系数至少要在 0.8 以上，表 11-4 为"后勤统计数据质量影响因素量表"21 个题项内部一致性 α 系数，其数值等于 0.929，则表示设计的量表 21 个题项的内部一致性佳，其信度较高，测量误差值较小。

表 11-4　量表可靠性统计量

Cronbach's Alpha	基于标准化项的 Cronbachs Alpha	项数
0.929	0.933	21

表 11-5 是项目总体统计量，其中"修正的项目总相关"列表示的是该题项分数与其余 20 个题项分数加总后的积差相关，如果某一题项的"修正的项目总相关"栏呈现的数值小于 0.400，则表示该题项与其余题项的相关为低度关系，也就是说与其余题项所要测量的行为或潜在特质的同质性不高，可以考虑删除。

---

① 吴明隆. 问卷统计分析实务 – SPSS 操作与应用［M］. 重庆：重庆大学出版社，2010.

表 11 - 5 项目总体统计量表

题项序号	题项删除时的尺度均值	题项删除时的尺度方差	修正的题项总相关	题项已删除的 Cronbach's Alpha 值
B01	60. 20	104. 795	0. 639	0. 925
B02	59. 91	105. 876	0. 495	0. 928
B03	60. 25	105. 415	0. 500	0. 928
B04	59. 98	103. 725	0. 653	0. 924
B05	59. 52	103. 369	0. 661	0. 924
B06	60. 05	107. 594	0. 482	0. 928
B07	60. 17	104. 717	0. 723	0. 923
B08	59. 66	106. 272	0. 767	0. 924
B09	60. 14	105. 410	0. 668	0. 924
B10	60. 04	104. 815	0. 515	0. 928
B11	60. 07	103. 470	0. 734	0. 923
B12	60. 25	103. 158	0. 734	0. 923
B13	59. 72	112. 204	0. 123	0. 936
B14	59. 58	109. 268	0. 495	0. 927
B15	59. 99	106. 535	0. 627	0. 925
B16	59. 82	108. 274	0. 486	0. 927
B17	59. 45	103. 293	0. 654	0. 924
B18	59. 66	103. 981	0. 718	0. 923
B19	59. 91	100. 798	0. 751	0. 922
B20	59. 89	100. 305	0. 757	0. 922
B21	60. 06	106. 912	0. 611	0. 925

因此从表 11 - 5 可以看出，第 B13 题项与其余题项总分的相关系数为 0. 123，相关系数非常低；而且从题项删除后量表的内部一致性 α 系数值改变情况来看，第 B13 题项删除后，后勤统计数据质量影响因素量表的 α 系数从

0.929 变成为 0.936，而其余 20 个题项删除后量表的 α 系数均比 0.929 小。因此，从表 11 – 5 可以看出，第 B13 题项与其余题项的同质性不高，可以考虑将其删除。

3. 量表数据的可行性检验

在进行正式因子分析之前，首先要检验量表获得的数据是否适合进行因子分析，通常依据取样适切性量数 KMO 值的大小来判别。KMO 统计量的基本原理是依据变量间净相关系数值而得，当变量间具有关联时，其简单相关会很高，但变量间的净相关系数会较小，若是各变量的净相关系数愈小，表示变量间越具有共同因子；相反，表明量表的数据文件不适合进行因子分析。KMO指标值介于 0 ~ 1 之间，当 KMO 值小于 0.5 时，表示题项变量间不适合进行因子分析；相对的，若 KMO 指标值大于 0.8，表示题项变量间的关系良好，适合进行因子分析。

表 11 – 6 是 KMO 和 Bartlett 的检验表，由表 11 – 6 可知，后勤统计数据质量影响因素量表的 KMO 值为 0.869，介于 0.5 ~ 1.0 之间，表示此量表获得的数据适合进行因子分析。此外，Bartlett 的球形检验是通过转换来完成对变量之间是否相互独立进行检验，由附表 6 可知 Bartlett 球形检验的 χ^2 值为6193.770，（自由度为 190）达到 0.05 显著水平，即拒绝变量间的净相关矩阵不是单元矩阵的假设，表示变量间的净相关系数均为 0，也就是说所用的数据适合进行因子分析。同时，还考虑到样本总数为 296 与量表题项数 21之间的比例为 14∶1，大于 10∶1，所以量表获得的因子分析结果也应比较稳定可靠。

表 11 – 6 KMO 和 Bartlett 检验表

Kaiser – Meyer – Olkin 取样适切性量数		0.869
Bartlett 球形检验	近似卡方分布	6193.770
	df 自由度	190
	Sig. 显著性	0.000

结论：根据共同性、因子负荷量和信度检验的指标标准，第 B13 题项应该删除，且删除第 B13 题项的量表数据适宜进行因子分析。

三、基于因子分析的影响因素分析过程

因子分析是探讨存在相关的变量之间，是否存在不能直接观察到但对可观测变量的变化起支配作用的潜在因子的分析方法。也就是说，因子分析具有简化数据变量的功能，以较少的层面来表示原来数据的结构。本书的后勤统计数据质量管理量表共设计了 21 个题项，为了找出各题项之间存在的潜在关系，并归结为若干层面，根据量表检验的结果，下面对有效的 20 个题项获得的数据进行因子分析。

1. 确定共同因子数目

考虑到因子分析的目的就是希望要以最少的共同因子对总变异量作最大的解释，因而抽取的因子要越少越好；但因子分析又要求抽取因子的累积解释的变异量越大则越好。所以，在进行因子分析时，要保留多少个共同因子即是因子分析的第一步，也是因子分析中最重要的环节。常用的共同因子筛选方法有特征值大于 1 的方法、碎石图检验法和方差百分比决定法等，由于每一种方法既有其特殊性又有其局限性，为了使共同因子的筛选更加科学合理，下面分别采用三种方法对后勤统计数据质量影响因素量表的共同因子进行筛选。

（1）特征值大于 1 的方法。

特征值大于 1 的方法是 Kaiser 提出的观点，Kaiser 指出共同因子抽取时应保留特征值大于 1 的因子，但题项如果过多，可能会抽取较多的共同因子。另外，根据相关研究证实，当题项数目介于 10 ~ 15 或 20 ~ 30，且共同性大于 0.7 以上时，采用特征值大于 1 的方法抽取因子最正确；当受试样本数大于 250 位，则平均共同性应在 0.6 以上，得出的共同因子数目也是可靠的。表 11 – 7 是本文量表的有效数据利用主成分分析法抽取成分时得到各题项的共同性，表 11 – 8 是各成分所对应的特征值。从表 11 – 7 可以看到 296 份有效问卷获得的 20 个题项的数据，通过主成分分析法抽取的共同性均在 0.62 以上，说明依据特征值大于 1 的方法获得的共同因子数目是可靠的。因此，依据特征值大于 1 的方法从表 11 – 8 中得到的数据，可以很清楚地得出保留 5 个共同因子是可靠的。

（2）碎石图检验法。

碎石图是以未转轴前的成分变异量（特征值）为纵轴，以成分数目为横轴绘制而成的。碎石图检验法就是根据碎石图成分变异量递减情形来决定共同

因子数目，即如果特征值图形呈现由斜坡转为平坦，平坦状态以后的成分便可以去掉。碎石图检验法通常配合特征值大于 1 的方法，进行综合判断抽取的因子数目，以决定共同因子数目。通过量表特征值与成分数之间的碎石图，可以较清晰地看出，从第 6 个成分以后曲线变得较为平坦，表示无特殊成分值的抽取，因而保留 5 个共同因子较为适宜。

表 11 - 7　量表的共同性

题项	初始	提取	题项	初始	提取
B01	1.000	0.831	B11	1.000	0.804
B02	1.000	0.913	B12	1.000	0.827
B03	1.000	0.821	B14	1.000	0.833
B04	1.000	0.866	B15	1.000	0.674
B05	1.000	0.745	B16	1.000	0.792
B06	1.000	0.799	B17	1.000	0.614
B07	1.000	0.827	B18	1.000	0.878
B08	1.000	0.777	B19	1.000	0.946
B09	1.000	0.722	B20	1.000	0.934
B10	1.000	0.684	B21	1.000	0.626

（3）方差百分比决定法。

方差百分比决定法是指当所抽取的共同因子所能解释全体变量的累积变异量达到某一预设标准值后就停止继续抽取共同因子，之后的因素就不予以保留的一种方法。根据 Hair 等人的观点，在自然科学相关领域的研究中，由于较重视精确度，因而所抽取的共同因子的累积解释变异量至少要达到 95% 以上；而在社会科学领域中，由于其精确度不如自然科学那样高，因而所抽取的共同因子累积解释变异量能达到 60% 以上，就表示共同因子数目的抽取是可靠的。从附表 8 可以看到，当选取 5 个特征值时能解释全体变量的累积变异量达到了 79.568%，所以依据方差百分比决定法准则，抽取 5 个共同因子是比较可靠的。

表 11 –8　解释总变异量表

成分	初始特征值的分析结果		
	特征值 λ_j	方差百分比/%	累积变异量/%
1	9.382	46.909	46.909
2	2.503	12.516	59.425
3	1.567	7.837	67.262
4	1.303	6.513	73.775
5	1.159	5.793	79.568
6	0.707	3.535	83.103
7	0.641	3.203	86.306
8	0.465	2.327	88.633
9	0.432	2.160	90.793
10	0.348	1.742	92.535
11	0.323	1.616	94.150
12	0.240	1.202	95.353
13	0.230	1.152	96.505
14	0.163	0.813	97.318
15	0.145	0.726	98.044
16	0.122	0.611	98.655
17	0.120	0.602	99.257
18	0.084	0.418	99.674
19	0.057	0.283	99.958
20	0.008	0.042	100.000

提取方法：主成分分析法。

结论：依据共同因子筛选的三种方法，得出后勤统计数据质量影响因素量表应最终选取 5 个共同因子。也就是说，影响后勤统计数据质量的主要因素有5个。

2. 估计共同因子负荷量

估计因子负荷量是因子抽取的前提基础，因子负荷量反映了题项变量对各共同因子的关联强度，也可以说是各共同因子对各题项变量的变异量解释程度。目前估计因子负荷量的方法有主成分分析法、主轴法、一般化最小平方法、未加权最小平方法、极大似然法、Alpha 因子抽取法与映象抽取法等。而最常用的方法为主成分分析法和主轴法，其中又以主成分分析法最为普遍。

主成分分析法是以线性方程式将所有变量加以合并，计算所有变量共同解释的变异量，该线性组合称为主要成分。主成分分析法适合于单纯简化变量成分，且每一成分的解释变异量依次递减。表 11 - 9 是量表数据利用主成分分析法抽取 5 个成分时所得到的各因子负荷量值。

表 11 - 9 利用主成分分析法估计的因子负荷量

题项	成分				
	1	2	3	4	5
B20	0.804	− 0.378	− 0.291	− 0.185	0.163
B19	0.801	− 0.399	− 0.286	− 0.195	0.163
B08	0.800	− 0.213	0.050	0.274	0.122
B12	0.785	0.205	0.142	− 0.053	− 0.382
B11	0.782	0.130	− 0.019	− 0.064	− 0.414
B07	0.773	− 0.057	− 0.012	0.423	− 0.219
B18	0.757	− 0.310	− 0.322	− 0.277	0.170
B09	0.718	− 0.141	− 0.160	0.291	− 0.275
B05	0.706	− 0.123	0.168	0.346	0.289
B17	0.698	− 0.215	− 0.192	− 0.204	0.042
B04	0.680	0.612	− 0.013	0.104	0.136
B15	0.670	− 0.141	0.361	− 0.275	− 0.023
B01	0.669	0.606	− 0.002	− 0.108	0.062
B21	0.665	− 0.067	− 0.256	− 0.333	− 0.052
B10	0.582	− 0.113	− 0.164	0.395	− 0.387

续表

题项	成分				
	1	2	3	4	5
B02	0.524	0.745	-0.124	-0.007	0.260
B03	0.534	0.716	-0.051	-0.132	0.058
B16	0.543	-0.133	0.679	-0.136	0.004
B14	0.542	-0.162	0.662	-0.264	-0.066
B06	0.519	-0.160	0.208	0.420	0.534

提取方法：主成分分析法。

3. 转轴确定共同因子

估计完共同因子负荷量后发现，各变量在每个因子的负荷量值差别不是很明显，难以对变量进行归类命名。因此，为了确定因子的实际内容，还须利用转轴法对共同因子进行旋转，目的在于改变题项在各共同因子负荷量的大小，形成在每个共同因子中有一个差异较大的因子负荷量。另外，学者 Tabachnick 与 Fidell 给出了因子负荷量选取的标准，即因子负荷量的值最好在 0.45 以上，相应的共同因子可解释题项变量的百分比为 20% 以上，才能将题项变量纳入共同因子中。目前常用的转轴方法有两类：一是直交转轴法，二是斜交转轴法。在直交转轴法中因子（成分）与因子（成分）间没有相关，即因子轴间的夹角等于 90°，其常用的方法是最大变异法和四次方最大值法；在斜交转轴法中因子（成分）与因子（成分）间彼此有某种程度的相关，即因子轴间的夹角不是 90°，其常用的方法有直接斜交转轴法和 Promax 转轴法。图 11-2 和图 11-3 以四个题项变量为例，对比给出了转轴前的因子负荷量图和转轴后的因子负荷量图。

直交转轴法的优点是因子间提供的信息不会重叠，在某一个因子的分数与在其他因子的分数彼此独立不相关；缺点是使用者强制使因子间不相关，但在实际中，它们彼此相关的可能性很高。因此在实际因子分析的应用中，最好同时进行正交转轴及斜交转轴，从因子负荷量及因子包含题项的合理性加以综合判断，以求出最符合简单结构的目的。所以本文因子转轴采用直交转轴法中的最大变异法和斜交转轴法中的直接斜交转轴法，分别对因子负荷量的数据进行转轴分析，以便能够构建科学合理的共同因子。

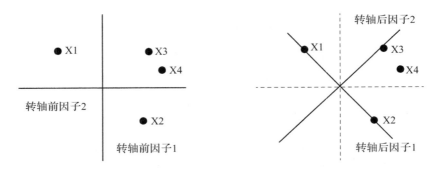

图 11 - 2　转轴前因子负荷量图　　　　**图 11 - 3　转轴后因子负荷量图**

（1）最大变异法的转轴结果。

最大变异法属于直交转轴法的一种，假定共同因子之间没有相关性或相关性很低。表 11 - 10 为采用最大变异法进行直接转轴后得到的矩阵表，依据 Tabachnick 与 Fidell 给出的因子负荷量选取标准，从转轴后的成分矩阵中可以发现，共同因子 1 包含 B17、B18、B19、B20、B21 五个题项，共同因子 2 包含 B01、B02、B03、B04 四个题项，共同因子 3 包含 B07、B09、B10、B11、B12 五个题项，共同因子 4 包含 B14、B15、B16 三个题项，共同因子 5 包含 B05、B06、B08 三个题项。

表 11 - 10　旋转成分矩阵表

题项编号	成分				
	1	2	3	4	5
B19	0.889	0.064	0.244	0.160	0.258
B18	0.885	0.134	0.173	0.129	0.176
B20	0.880	0.083	0.250	0.151	0.261
B17	0.690	0.156	0.246	0.196	0.123
B21	0.684	0.275	0.222	0.169	- 0.070
B02	0.107	0.933	0.038	- 0.040	0.169
B03	0.110	0.887	0.106	0.102	- 0.021
B04	0.123	0.845	0.252	0.109	0.248

题项编号	成分				
	1	2	3	4	5
B01	0.200	0.844	0.184	0.199	0.069
B10	0.204	0.067	0.785	0.016	0.145
B07	0.235	0.211	0.755	0.173	0.356
B09	0.363	0.129	0.722	0.094	0.206
B11	0.359	0.398	0.622	0.344	−0.106
B12	0.252	0.457	0.581	0.461	−0.058
B14	0.168	0.062	0.096	0.880	0.127
B16	0.101	0.085	0.112	0.836	0.251
B15	0.393	0.166	0.161	0.671	0.125
B06	0.166	0.111	0.099	0.166	0.850
B05	0.267	0.198	0.320	0.260	0.682
B08	0.419	0.149	0.463	0.258	0.547

提取方法：主成分分析法。

旋转法：具有 Kaiser 标准化的正交旋转法。

（2）直接斜交转轴法的转轴结果。

直接斜交转轴法（Direct Obimin）属于斜交转轴法的一种，假定共同因子之间有相关，其夹角不等于直角。其与直交转轴法的主要区别在于斜交转轴时会产生样式矩阵和结构矩阵，有时个别的特征值也不相同。表 11 - 11 为采用直接斜交转轴法进行转轴后得到的样式矩阵表，我们知道样式矩阵表中的数值类似多元回归分析中的标准化回归系数，可反映题项变量在因子间相对的重要性，即和其他变量同时比较之下，样式矩阵的数值高低可反映出变量在某个因子的重要程度。因此，从表 11 - 11 的样式矩阵中可以看出，题项 B17、B18、B19、B20、B21 对因子 1 而言有较重要的影响力；题项 B01、B02、B03、B04 对因子 2 而言有较重要的影响力；题项 B14、B15、B16 对因子 3 而言有较重

149

要的影响力；题项 B07、B09、B10、B11、B12 对因子 4 而言有较重要的影响力；题项 B05、B06、B08 对因子 5 而言有较重要的影响力。

表 11 –11　样式矩阵

题项编号	成分				
	1	2	3	4	5
B18	0.970	0.006	− 0.033	− 0.059	0.041
B19	0.950	− 0.081	− 0.002	0.031	0.114
B20	0.937	− 0.059	− 0.013	0.039	0.117
B21	0.708	0.156	0.035	0.034	− 0.204
B17	0.702	0.031	0.067	0.070	− 0.009
B02	0.021	1.005	− 0.149	− 0.109	0.120
B03	− 0.004	0.917	0.013	− 0.035	− 0.095
B04	− 0.047	0.860	0.001	0.138	0.157
B01	0.062	0.842	0.101	0.028	− 0.032
B14	0.004	− 0.062	0.942	− 0.049	0.008
B16	− 0.085	− 0.020	0.897	− 0.011	0.142
B15	0.283	0.036	0.656	− 0.016	− 0.012
B10	− 0.006	− 0.075	− 0.100	0.884	0.010
B07	− 0.016	0.076	0.056	0.797	0.203
B09	0.180	− 0.022	− 0.039	0.747	0.054
B11	0.156	0.241	0.237	0.564	− 0.285
B12	0.008	0.313	0.384	0.519	− 0.233
B06	0.073	0.113	0.117	0.025	0.811
B05	0.115	0.138	0.183	0.245	0.585
B08	0.271	0.036	0.149	0.388	0.414

提取方法：主成分分析法。

旋转法：具有 Kaiser 标准化的斜交旋转法。

四、影响因素分析的结论

1. 共同因子的命名

依据上述两种转轴方法得到的因子负荷量，绘制了对比分析表 11 – 12。

表 11 – 12　直交转轴法与斜交转轴法的因子负荷量对比分析表

变量	直交转轴最大变异法					直接斜交转轴法				
	成分					成分				
	1	2	3	4	5	1	2	3	4	5
B18	0.885	0.134	0.173	0.129	0.176	0.97	0.006	− 0.033	− 0.059	0.041
B19	0.889	0.064	0.244	0.16	0.258	0.95	− 0.081	− 0.002	0.031	0.114
B20	0.88	0.083	0.25	0.151	0.261	0.937	− 0.059	− 0.013	0.039	0.117
B17	0.69	0.156	0.246	0.196	0.123	0.702	0.031	0.067	0.07	− 0.009
B21	0.684	0.275	0.222	0.169	− 0.07	0.708	0.156	0.035	0.034	− 0.204
B02	0.107	0.933	0.038	− 0.04	0.169	0.021	1.005	− 0.149	− 0.109	0.12
B03	0.11	0.887	0.106	0.102	− 0.021	− 0.004	0.917	0.013	− 0.035	− 0.095
B04	0.123	0.845	0.252	0.109	0.248	− 0.047	0.86	0.001	0.138	0.157
B01	0.2	0.844	0.184	0.199	0.069	0.062	0.842	0.101	0.028	− 0.032
B10	0.204	0.067	0.785	0.016	0.145	− 0.006	− 0.075	− 0.1	0.884	0.01
B07	0.235	0.211	0.755	0.173	0.356	− 0.016	0.076	0.056	0.797	0.203
B09	0.363	0.129	0.722	0.094	0.206	0.18	− 0.022	− 0.039	0.747	0.054
B11	0.359	0.398	0.622	0.344	− 0.106	0.156	0.241	0.237	0.564	− 0.285
B12	0.252	0.457	0.581	0.461	− 0.058	0.008	0.313	0.384	0.519	− 0.233
B14	0.168	0.062	0.096	0.88	0.127	0.004	− 0.062	0.942	− 0.049	0.008
B16	0.101	0.085	0.112	0.836	0.251	− 0.085	− 0.02	0.897	− 0.011	0.142
B15	0.393	0.166	0.161	0.671	0.125	0.283	0.036	0.656	− 0.016	− 0.012
B06	0.166	0.111	0.099	0.166	0.85	0.073	0.113	0.117	0.025	0.811

续表

变量	直交转轴最大变异法					直接斜交转轴法				
	成分					成分				
	1	2	3	4	5	1	2	3	4	5
B05	0.267	0.198	0.32	0.26	0.682	0.115	0.138	0.183	0.245	0.585
B08	0.419	0.149	0.463	0.258	0.547	0.271	0.036	0.149	0.388	0.414
特征值	9.382	2.503	1.567	1.303	1.159	9.382	2.503	1.567	1.303	1.159

从对比分析来看，两种转轴方法得到的共同因子所包含的题项结果相一致，只是共同因子的重要性顺序稍有差别。考虑到两种转轴方法使用的条件，有学者认为当因子间相关系数在0.3以上时，最好采用斜交转轴法，若因子间的相关系数小于0.3，则使用直交转轴法较为适宜。所以，从表11-13中可以看到，共同因子之间的相关性较高，相关性大多数超过了0.30，所以我们最好以直接斜交转轴法得到的因子结果进行命名。下面结合共同因子所包含的题项内容对5个共同因子进行命名。

表11-13 成分相关矩阵表

成分	1	2	3	4	5
1	1.000	0.341	0.426	0.547	0.221
2	0.341	1.000	0.300	0.377	0.067
3	0.426	0.300	1.000	0.376	0.184
4	0.547	0.377	0.376	1.000	0.219
5	0.221	0.067	0.184	0.219	1.000

提取方法：主成分分析法。旋转法：具有Kaiser标准化的斜交旋转法。

因子1包含B17、B18、B19、B20、B21五个题项，此因子可命名为"数据管理"；因子2包含B01、B02、B03、B04四个题项，此因子可命名为"组织领导"；因子3包含B14、B15、B16三个题项，此因子可命名为"统计技术"；因子4包含B07、B09、B10、B11、B12五个题项，此因子可命名为"统计制度"；因子5包含B05、B06、B08三个题项，此因子可命名为"人员素质"。

2. 结果分析

本文影响因素分析的结果是基于主成分分析与直接斜交转轴法的因子分析方法，并最终将量表有效的 20 个题项归并为后勤统计数据质量管理的五个影响因子，详见表 11 – 15。从表 11 – 15 还可知道，数据管理、组织领导、统计技术、统计制度和人员素质五个因子的特征值分别为 9.382，2.503，1.567，1.303，1.159，其解释变异量为 46.91%，12.52%，7.84%，6.51%，5.79%，因此根据主成分分析方法的原理，可得出数据管理因子对后勤统计数据质量管理的影响最大，而后依次是组织领导因子、统计技术因子、统计制度因子和人员素质因子。这对于下一步科学评价后勤统计数据质量的管理水平，确定各评价指标权重以及提出有针对性的对策建议奠定了一定科学依据。

下面基于以上得出的五个因子，重新对量表有效的 20 个题项进行汇总处理，得到表 11 – 14。从表 11 – 14 中可以发现组织领导的分数最低均值为 3.06，其次是统计制度和统计技术，相对分数较高的是人员素质和数据管理。这就说明实际工作中，后勤统计数据质量管理中问题最突出的影响因素是组织领导、统计制度和统计技术，这也正是当前后勤统计数据质量管理最薄弱的环节。因此，下一步重点就要集中主要精力抓好后勤统计制度建设，想方设法发挥好各级领导作用，并充分运用各种先进统计技术来共同提高后勤统计数据质量的管理水平；同时，也不能忽视人员因素和统计数据管理对后勤统计数据质量的影响，确保从全方位、多角度来提高后勤统计数据质量的管理水平。

表 11 – 14　影响后勤统计数据质量管理五个因子的统计表

		数据管理	组织领导	统计技术	统计制度	人员素质
N	有效	296	296	296	296	296
	缺失	0	0	0	0	0
均值		3.51	3.06	3.31	3.18	3.48
众数		4	3	3	3	4
标准差		0.679	0.844	0.610	0.725	0.621
极小值		2	2	2	2	2
极大值		5	5	5	5	5

表 11－15 "后勤统计数据质量管理量表"因子分析结果

题项变量	题目内容	斜交转轴法后的成分结构矩阵				
		数据管理	组织领导	统计技术	统计制度	人员素质
B18	各单位采集的数据都要进行严格的审核才能进行数据录入	0.97	0.006	－ 0.033	－ 0.059	0.041
B19	各单位都有专职人员对后勤各业务口的数据进行汇总	0.95	－ 0.081	－ 0.002	0.031	0.114
B20	各单位的后勤统计数据都能进行动态的数据更新	0.937	－ 0.059	－ 0.013	0.039	0.117
B17.	各单位上报的统计数据都会有原始记录可供查阅	0.702	0.031	0.067	0.07	－ 0.009
B21	各单位都能够很好地开发利用统计调查所得到的后勤统计数据	0.708	0.156	0.035	0.034	－ 0.204
B02	各单位领导都很重视后勤统计数据质量，作用发挥很明显	0.021	1.005	－ 0.149	－ 0.109	0.12
B03	各单位都设置有专门的机构或人员负责后勤统计数据的采集	－ 0.004	0.917	0.013	－ 0.035	－ 0.095
B04	各单位统计机构或统计人员都有很明确的职责	－ 0.047	0.86	0.001	0.138	0.157
B01	各单位都有分管领导或部门领导专门负责后勤统计工作	0.062	0.842	0.101	0.028	－ 0.032
B14	目前各单位各专业都配发了相应配套的统计软件	0.004	－ 0.062	0.942	－ 0.049	0.008
B16	各单位各业务部门都会经常性地运用相应的统计软件进行数据统计分析	－ 0.085	－ 0.02	0.897	－ 0.011	0.142
B15	在进行统计调查时各单位都会经常性地使用抽样调查等先进的调查方法	0.283	0.036	0.656	－ 0.016	－ 0.012

题项变量	题目内容	斜交转轴法后的成分结构矩阵				
		数据管理	组织领导	统计技术	统计制度	人员素质
B10	各单位对虚报、瞒报、随意篡改等严重影响统计数据质量的行为都会进行严厉惩罚	−0.006	−0.075	−0.1	0.884	0.01
B07	各单位都有涉及后勤统计数据质量管理的相关法规	−0.016	0.076	0.056	0.797	0.203
B09	各单位都会对统计数据进行严格审核后才进行上报	0.18	−0.022	−0.039	0.747	0.054
B11	各单位分管领导或部门领导都要对违反统计数据质量管理法规的行为承担相应的责任	0.156	0.241	0.237	0.564	−0.285
B12	各单位都有很完整的后勤统计数据质量评估指标体系来检验统计数据质量	0.008	0.313	0.384	0.519	−0.233
B06	各单位负责统计工作的人员都保持很稳定，不经常变更人员	0.073	0.113	0.117	0.025	0.811
B05	各单位负责后勤统计工作的人员都经过专业培训	0.115	0.138	0.183	0.245	0.585
B08	各单位都会很严格的执行后勤统计数据质量管理的相关法规	0.271	0.036	0.149	0.388	0.414
特征值		9.382	2.503	1.567	1.303	1.159
解释变异量/%		46.91	12.52	7.84	6.51	5.79
累积解释变异量/%		46.91	59.43	67.27	73.78	79.57

第二节　库所设置优化分析问题

　　某单位因执行特殊任务需在一地区附近临时搭建若干个仓库，可供选择的地点有 m 处，用以满足周围 n 个部队对作战物资的需求。通过各种方式估计出各部队作战物资的需求量为 $b_j(j=1,2,\cdots,n)$，必须而且只能从这些仓库中得到供应，在不同地点搭建仓库的费用不同，而且不同地点的仓库至各作战部队的距离远近及道路状况不同，所以运输费用也不同，现在单位领导需作决策在哪些地点搭建仓库，分别运多少物资到哪些部队，才能使总费用最少？

　　解：不妨设 x_{ij} 表示从仓库 i 运往部队 j 的作战物资数；g_i 表示在第 i 处搭建仓库的固定费用；d_i 表示仓库 i 的允许库存容量；c_{ij} 表示仓库 i 运往部队 j 的单位物资运费。

　　那么，从第 i 处仓库运送作战物资到第 j 部队的总费用应为

$$f_i(x) = \begin{cases} g_i + \sum_{j=1}^{n} c_{ij}x_{ij} & \text{当 } x_{ij} \geq 0 \\ 0 & \text{当 } x_{ij} = 0 \end{cases} \quad (i=1,2,\cdots,m; j=1,2,\cdots,n)$$

　　这里，$f_i(x)$ 是非线性函数，而问题是要在 m 个地点中选择哪些地点建仓库，用于满足周围 n 个部队对作战物资的需要，并使总费用最小。为此，引进 $0-1$ 变量 y_i，并设

$$y_i = \begin{cases} 1 & \text{若在 } i \text{ 处搭建仓库} \\ 0 & \text{若在 } i \text{ 处不搭建仓库} \end{cases}$$

则从第 i 处仓库运送作战物资到第 j 部队的总费用 $f_i(x)$ 可表示为

$$f_i(x) = g_iy_i + \sum_{j=1}^{n} c_{ij}x_{ij} \quad (i=1,2,\cdots,m)$$

　　上式对于具体的 i 来讲，当 $x_{ij} > 0$ 时，y_i 只能为1，即在第 i 处搭建仓库，其费用为 $g_iy_i + \sum_{j=1}^{n} c_{ij}x_{ij}$；当 $x_{ij} = 0$ 时，y_i 可能为0或1。但结合问题的目标函数是求总费用最小，因而迫使 $y_i = 0$。

　　由于 x_{ij} 还应满足：

$$\begin{cases} \sum_{i=1}^{m} x_{ij} = b_j & (j = 1,2,\cdots,n) \\ \sum_{j=1}^{n} x_{ij} \leqslant d_i y_i & (i = 1,2,\cdots,m) \\ x_{ij} \geqslant 0 & (i = 1,2,\cdots,m; j = 1,2,\cdots,n) \end{cases}$$

因此，该问题的数学模型应为求一组变量 y_i 和 x_{ij}，满足：

$$\min f(x) = \sum_{i=1}^{m} f_i(x) = \sum_{i=1}^{m} \left[g_i y_i + \sum_{j=1}^{n} c_{ij} x_{ij} \right]$$

$$\text{s. t.} \begin{cases} \sum_{i=1}^{m} x_{ij} = b_j & (j = 1,2,\cdots,n) \\ \sum_{j=1}^{n} x_{ij} \leqslant d_i y_i & (i = 1,2,\cdots,m) \\ x_{ij} \geqslant 0, y_i = 0 \text{ 或 } 1 & (i = 1,2,\cdots,m; j = 1,2,\cdots,n) \end{cases}$$

这是个混合整数规划模型，其中变量 y_i 为 0 或 1，x_{ij} 是可不为整数的非负变量。

从该模型建立的过程中可看出，利用 0 - 1 变量有时还可将非线性函数转化为线性函数，使问题得以简化易解。

第三节　伤病员救治优化分析问题

假设某救治机构在某一时间限制条件下（如 1 天内），暂时中断了与外界的联系。既不能后送伤病员，也得不到上级卫勤力量的支援。此时，该救治机构已收容了较多的伤病员，为了方便可以把伤病员区分为重度和轻度两类。而卫生人员和现有药材储备均不足，完不成对所有伤病员的救治。那么，应采取什么救治方案呢？

显而易见，只救治重伤病员不救治轻伤病员或只救治轻伤病员不救治重伤病员均是不可取的，只能是两类伤病员都进行救治。那么各救治多少重度和轻度伤病员才能达到整体最优？这就要再作进一步分析了。

假设救治一名重度伤病员费时 1.5h，救治一名轻度伤病员费时 0.5h，总救治工作时间为 80h；救治一名重度伤病员需消耗药材 5 个单位，救治一名轻度伤病员需消耗药材 3 个单位，总药材储备为 400 个单位。又知一名重度伤病员经过救治后，其死亡残废率由 80% 下降到 10%，下降幅度 70%（0.7）；一名轻度伤病员经过救治后，其死亡残废率由 25% 下降到 5%，下降幅度 20%（0.2）。所谓救治效果的整体最优，就是总的死亡残废率下降的幅度最多。将上面的数据列于表 11-16。

表 11-16　伤病员救治优化问题

	重伤病员	轻伤病员	限制条件
时限/ （h/人）	1.5	0.5	80 小时（比如 4 张手术台，20 人/台天）
药材消耗/ （单位/人）	5	3	400 个单位（平均 100 人所需药材）
降低死亡、 残废率幅度	0.7	0.2	

解：由以上数据可确定数学模型为

$$\max Z = 0.7x_1 + 0.2x_2$$

$$\text{s. t.} \begin{cases} 1.5x_1 + 0.5x_2 \leqslant 80 \\ 5x_1 + 3x_2 \leqslant 400 \\ x_1, x_2 \geqslant 0 \end{cases}$$

解得最优解为 $x_1 = 24$，$x_2 = 92$，最优值为 $Z = 176$。说明该救治机构的最优方案是在给定的条件下，救治重度伤病员 24 名，同时，救治轻度伤病员 92 名，可以达到整体上最优。

第四节　货物装载优化分析问题

第五节某运输船有前、中、后三个货仓，它们的最大载重量及容积见附表 11-17。为保持货船行驶的稳定性，要求前、中、后三仓装货的载重比必须符合原设计 2:4:3 的要求。今有 A、B、C 三种可混装的货物需同时装船。各种货物的数量、体积及运费单价详见附表 11-18。问如何安排各货仓装载 A、

B、C 的件数，才能使总装载价值达到最大？

表 11-17　货仓载重容积表

仓位	载重/kg	容积/m³
前仓	1600	12000
中仓	3200	50000
后仓	2400	20000

表 11-18　货物相关数据表

物品	数量/件	每件重/kg	每件体积/m³	运费单价/元
A	5600	0.5	3	6
B	4000	0.8	4.5	8
C	2000	1.2	6	5

　　解：设前仓装载 A、B、C 的件数分别为 x_1、x_2、x_3，中仓装载 A、B、C 的件数分别为 x_4、x_5、x_6，后仓装载 A、B、C 的件数分别为 x_7、x_8、x_9。这些待求的未知数即为线性规划数学模型的"决策变量"。根据题意，这些变量的取值将受以下四个方面条件的约束。

　　（1）三个货仓载重的约束条件分别是：

$0.5x_1 + 0.8x_2 + 1.2x_3 \leqslant 1600$（前仓三种货资的总重量不得超过 1600kg）

$0.5x_4 + 0.8x_5 + 1.2x_6 \leqslant 3200$（中仓三种货物的总重量不得超过 3200kg）

$0.5x_7 + 0.8x_8 + 1.2x_9 \leqslant 2400$（后仓三种货物的总重量不得超过 2400kg）

　　（2）三个货仓装货容积的约束条件分别是：

$3x_1 + 4.5x_2 + 6x_3 \leqslant 12000$（前仓堆放三种货物的容积不得超过 12000m³）

$3x_4 + 4.5x_5 + 6x_6 \leqslant 50000$（中仓堆放三种货物的容积不得超过 50000m³）

$3x_7 + 4.5x_8 + 6x_9 \leqslant 20000$（后仓堆放三种货物的容积不得超过 20000m³）

　　（3）每种货物可能装载件数的约束条件是：

$x_1 + x_4 + x_7 \leqslant 5600$（货物 A 的装载量不应超过 5600 件）

$x_2 + x_5 + x_8 \leqslant 4000$（货物 B 的装载量不应超过 4000 件）

$x_3 + x_6 + x_9 \leqslant 2000$（货物 C 的装载量不应超过 2000 件）

（4）前、中、后三个货仓载重比例的约束条件有：

$$\frac{0.5x_1+0.8x_2+1.2x_3}{2}=\frac{0.5x_4+0.8x_5+1.2x_6}{4}=\frac{0.5x_7+0.8x_8+1.2x_9}{3}$$

将上述比例平衡约束条件移项化简后，可得下列三个等式约束方程：

$$2x_1+3.2x_2+4.8x_3-x_4-1.6x_5-2.4x_6=0\text{（左式对中式）}$$
$$1.5x_1+2.4x_2+3.6x_3-x_7-1.6x_8-2.4x_9=0\text{（左式对右式）}$$
$$1.5x_4+2.4x_5+3.6x_6-2x_7-3.2x_8-4.8x_9=0\text{（中式对右式）}$$

上述三个比例约束方程，任选两个便可推导出第三个，因此其中任一个均可成为多余方程（数学上称为线性相关，即非独立之意），建模时应从中删除一个，以免无法求解。

另外，本例的决策目标是求总装载价值最大，而总装载价值的目标函数，则等于船上装载各种货物的千克数分别乘以相应的运费单价。即目标函数为

$$\max Z=6(x_1+x_4+x_7)+8(x_2+x_5+x_8)+5(x_3+x_6+x_9)$$

因此，此问题的数学模型为

$$\max Z=6x_1+8x_2+5x_3+6x_4+8x_5+5x_6+6x_7+8x_8+5x_9$$

$$\text{s. t.}\begin{cases}0.5x_1+0.8x_2+1.2x_3\leqslant1600\\0.5x_4+0.8x_5+1.2x_6\leqslant3200\\0.5x_7+0.8x_8+1.2x_9\leqslant2400\\3x_1+4.5x_2+6x_3\leqslant12000\\3x_4+4.5x_5+6x_6\leqslant50000\\3x_7+4.5x_8+6x_9\leqslant20000\\x_1+x_4+x_7\leqslant5600\\x_2+x_5+x_8\leqslant4000\\x_3+x_6+x_9\leqslant2000\\2x_1+3.2x_2+4.8x_3-x_4-1.6x_5-2.4x_6=0\\1.5x_1+2.4x_2+3.6x_3-x_7-1.6x_8-2.4x_9=0\\x_1,x_2,x_3,x_4,x_5,x_6,x_7,x_8,x_9\geqslant0\text{（变量取值非负约束）}\end{cases}$$

第五节 物资采购绩效评价指标体系建立问题

一、指标体系框架

指标体系框架如图 11 – 4 所示。

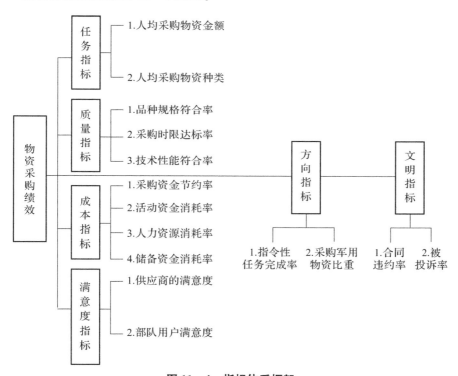

图 11 – 4 指标体系框架

二、指标体系说明

该指标体系分为三个层次、两个部分。

三个层次：最高层是物资采购绩效；中间层由 6 个指标组成，即采购任务指标、采购质量指标、采购成本指标、采购文明指标、采购满意度指标和采购方向指标；最低层由人均采购物资金额等 15 个指标构成。

两个部分：指标体系的左半部分为主体指标，包括采购任务、采购质量、采购成本和采购满意度四组指标，表示物资采购单位当前实际所取得的采购绩效；右半部分为辅助指标，包括采购方向和采购文明两组指标，分别表示对当前实际取得的绩效是全部承认还是部分承认（有助于规范采购制度及部队的物资采购方向性），是加分还是减分。需要指出的是，辅助指标同样是非常重要的指标，而并非可有可无，只是它们的性质和作用与主体指标不同而已。

三、指标内涵与计算方法

1. 采购任务指标

（1）人均物资采购金额。

指标内涵：人均采购物资金额是一定时期内物资采购单位平均每人完成多少物资采购金额（包括计划采购金额与委托采购金额）。它是体现采购任务和劳动人数之间的关系之一。

指标类型：定量型正指标，即越大越好的指标。

计算方法：人均采购物资金额，可以万元为单位来计算，具体计算公式为

$$C_{11} = \frac{1}{R} \sum_{i=1}^{5} a_i M_i \qquad (11-4)$$

式中：C_{11} 代表人均物资采购金额（万元）；M_i 代表一定时期内物资采购单位；通过第 i 种方式采购的物资总金额（万元）；a_i 代表第 i 种采购方式的难度系数；R 代表同时期内物资采购单位的平均在位人数。

（2）人均采购物资种类。

指标内涵：人均采购物资种类，是一定时期内物资采购单位平均每人完成多少物资采购种类。它也是体现采购任务和劳动人数之间的关系之一。

指标类型：定量型正指标，即越大越好的指标。

计算公式：

$$C_{12} = \frac{N_{种}}{R} \qquad (11-5)$$

式中：C_{12} 代表人均采购物资种类；$N_{种}$ 代表一定时期内物资采购单位采购物资的种类总数；R 代表的含义同上。

2. 采购质量指标

（1）品种规格符合率。

指标内涵：品种规格符合率，指采购的物资在品种及规格方面满足部队实

际要求的程度，是体现采购任务完成质量的重要指标之一。

指标类型：定量型正指标。

计算方法如下：

方法一：品种规格符合率 = 品种规格满足要求的物资的累计金额/采购物资的总金额 × 100%。

方法二：品种规格符合率 = (∑(满足品种规格要求的物资数量/实际采购数量))/N × 100%，其中，N 是采购总次数。

以上两种方法在应用时各有利弊，方法一是以采购金额为依据，强化了大型项目对全局的影响，而弱化了小型采购活动的地位；方法二是历次采购品种规格符合率的平均值，计算时较简单，但它把采购金额不同甚至差距较大的项目同等对待，弱化了大型采购活动的地位。因此，在着重强调所有采购项目的品种规格符合率时，可以选择方法二计算；如果着重从金额大小来考核品种规格的符合率时，应考虑金额大小来计算更加客观。采用方法一来计算，其计算公式为

$$C_{21} = \frac{M_{品}}{M} \times 100\% \qquad (11-6)$$

式中：C_{21}表示品种规格符合率；$M_{品}$表示品种规格满足要求的物资的累计金额；M 表示采购物资总金额。

（2）采购时限达标率。

指标内涵：采购时限达标率，指完成采购任务在时限方面满足部队实际要求的程度。它是体现采购任务完成质量的重要指标之一。

指标类型：定量型正指标。

计算公式：

$$C_{22} = \frac{N_{时}}{N} \times 100\% \qquad (11-7)$$

式中：C_{22}表示采购时限达标率，$N_{时}$表示规定时限内完成采购任务的累计次数，N 表示采购总次数。

（3）技术性能符合率。

指标内涵：技术性能符合率，指采购的物资在质量、性能、使用寿命等技术要求方面满足部队实际要求的程度。它是体现采购任务完成质量的重要指标之一。

指标类型：定量型正指标。

计算方法如下：

方法一：技术性能符合率 = 满足技术性能要求的物资的累计金额/采购物资的总金额 ×100% 。

方法二：技术性能符合率 = (∑(满足技术性能要求的物资数量/实际采购数量))/N ×100% ，其中 N 是采购总次数。

基于品种规格符合率同样理由，采用方法一来计算，其计算公式为

$$C_{23} = \frac{M_{技}}{M} \times 100\% \qquad (11-8)$$

式中：C_{23} 表示技术性能符合率；$M_{技}$ 表示满足技术性能要求的物资的累计金额；M 的含义同前。

3. 采购成本指标

(1) 采购资金节约率。

指标内涵：采购资金节约率，是指采购物资的预算资金与实际支出资金的差或节约资金，占预算资金的比例。它是反映采购绩效的一个重要经济指标。

指标类型：定量型正指标。

计算公式：

$$C_{31} = \frac{M_{节}}{M_{预}} \times 100\% \qquad (11-9)$$

式中：C_{31} 表示采购物资资金节约率；$M_{节}$ 表示采购物资节约资金（万元）；$M_{预}$ 表示采购物资预算资金总额（万元）。

(2) 采购活动资金消耗率。

指标内涵：采购活动资金消耗率，即采购局（站）为完成相应采购任务所支出的差旅费、场地费等费用总量（或采购费用）占总金额的百分比。它反映采购活动资金消耗与物资采购绩效之间的关系。

指标类型：定量型逆指标，即越小越好的指标。

计算公式：

$$C_{32} = \frac{M_{活}}{M} \times 100\% \qquad (11-10)$$

式中：C_{32} 表示采购活动资金消耗率；$M_{活}$ 表示采购活动资金消耗量；M 的含义同前。

（3）人力资源消耗率。

指标内涵：人力资源消耗率是指在一定时间内，采购局（站）为完成相应采购任务所消耗的人力资源（人·天）与物资采购总金额之间的比例。它反映人力资源消耗与物资采购绩效之间的关系。

指标类型：定量型逆指标。

计算公式：

$$C_{33} = \frac{r \times t}{M} \times 100\% \qquad (11-11)$$

式中：C_{33} 表示人力资源消耗率；r、t 分别表示完成每次采购任务平均投入的人数及相应的平均天数；M 的含义同前。

（4）物资储备资金消耗率。

指标内涵：物资储备资金消耗率，即采购局（站）为完成相应采购任务所支出的物资储备费用占物资采购总金额的百分比。它反映采购物资储备资金消耗与物资采购绩效之间的关系。

指标类型：定量型逆指标。

计算公式：

$$C_{34} = \frac{M_{储}}{M} \times 100\% \qquad (11-12)$$

式中：C_{34} 表示采购物资储备资金率；$M_{储}$ 表示采购物资储备总费用；M 的含义同前。

4. 满意度指标

（1）供应商满意度。

指标内涵：供应商满意度是指供应商对采购局（站）采购过程及结果的总体满意程度。

指标性质：定性型正指标。

计算方法：基于问卷调查统计的模糊评估

（2）部队用户满意度。

指标内涵：部队用户满意度是指部队用户对采购局（站）采购过程及结果的总体满意程度。包括用户对采购质量、数量、工作期限、采购组织过程、采购服务的满意度。

指标性质：定性型正指标。

计算方法：基于问卷调查统计的模糊评估。

5. 采购方向指标

（1）指令性任务完成率。

指标内涵：指令性任务完成率，是指一定时期内实际完成的指令性采购任务次数与指令性采购任务总数之间的比例。它体现服从全局需要、保持采购方向、保证完成指令性任务的情况。

指标类型：定量型正指标。

计算公式：

$$C_{51} = \frac{N_{令}}{N'} \times 100\% \qquad (11-13)$$

式中：C_{51} 表示指令性任务完成率；$N_{令}$ 表示指令性任务实际完成次数；N' 表示指令性采购任务总次数。

（2）采购军用物资比重。

指标内涵：采购军用物资比重，即物资采购单位一定时期内所购物资的总量中，军用物资所占的比重。

指标类型：定量型正指标。

计算公式：

$$C_{52} = \frac{M_{军}}{M} \times 100\% \qquad (11-14)$$

式中：C_{52} 表示军用物资比重；$M_{军}$ 表示军用物资采购总金额，M 的含义同前。

6. 采购文明指标

（1）采购合同违约率。

指标内涵：采购合同违约率是指一定时期内在完成物资采购任务过程中单方违约合同的数量与签订合同数量之间的比例（不包括正确的特殊情况下的违约）。它反映在完成物资采购任务过程中的守法、守信情况。

（2）指标类型：定量型逆指标。

计算方法：

$$C_{61} = \frac{N_{违}}{N_{签}} \times 100\% \qquad (11-15)$$

式中：C_{61} 表示采购合同违约率；$N_{违}$ 表示采购合同违约数量；$N_{签}$ 采购合同签订数量。

（3）被投诉率。

指标内涵：被投诉率是指一定时期内在完成物资采购任务过程中被生产经销商投诉或部队用户提出质疑并经核实的次数与采购总次数之间的比例（不包括正确的特殊情况下的投诉），它反映在完成物资采购任务过程中的守法和服务质量情况。

指标类型：定量型逆指标。

计算公式：

$$C_{62} = \frac{N_{诉}}{N} \times 100\% \qquad (11-16)$$

式中：C_{62} 表示被投诉率；$N_{诉}$ 表示被投诉次数；N 的含义同前。

参 考 文 献

［1］白思俊，等．系统工程［M］．北京：电子工业出版社，2009.

［2］谭传本，等．军队后勤管理工程［M］．北京：解放军出版社，1998.

［3］谭跃进，等．系统工程原理［M］．北京：科学出版社，2010.

［4］熊伟．运筹学［M］．北京：机械工业出版社，2014.

［5］杜瑞成，闫秀霞．系统工程［M］．北京：机械工业出版社，2002.

［6］卫振海，余自农．定量分析与评价［M］．北京：海潮出版社，2003.

［7］武松，等．SPSS 统计分析大全［M］．北京：清华大学出版社，2019.

［8］陈禹，钟佳桂，等．系统科学［M］．北京：中国人民大学出版社，2005.

［9］叶向．实用运筹学［M］．北京：中国人民大学出版社，2007.

［10］张东江，刘洪顺．积极推进以效能为核心的军事管理革命［J］．中国军事科学，2016（2）.

［11］杨洪江．新军事变革与军事管理效益研究［M］．北京：军事科学出版社，2005.

［12］马亚龙，邵秋峰，孙明，等．评估理论和方法及其军事应用［M］．北京：国防工业出版社，2013.

［13］刘继贤．军事管理学［M］．北京：军事科学出版社，2011.

［14］李璟．军队建设绩效管理［M］．北京：国防大学出版社，2010.

［15］徐培德．军事运筹学基础［M］．北京：国防科技大学出版社，2003.

［16］刘思峰，党耀国．预测方法与技术［M］．北京：高等教育出版社，2011.

［17］任明学，陈晓斌，刘金宝．情报分析与预测［M］．北京：军事谊文出版社，2009.

［18］刘思峰，党耀国．预测方法与技术［M］．北京：高等教育出版社，2005.

［19］张桂喜，马立平．预测与决策概论［M］．北京：首都经济贸易大学出版社，2006.

［20］郎茂祥．预测理论与方法［M］．北京：清华大学出版社，2011.

［21］张最良，等．军事运筹学［M］．北京：军事科学出版社，2000.

［22］陈庆华，等．系统工程理论与实践［M］．北京：国防工业出版社，2011.

［23］徐学文，王寿云．现代作战模拟［M］．北京：科学出版社，2001.

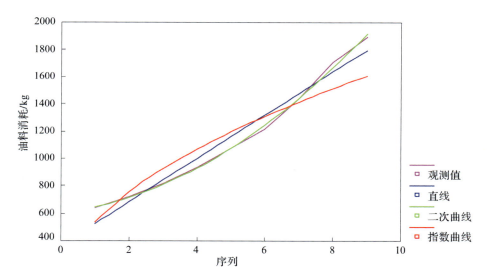

图 7-2　利用 SPSS 软件分别求得其拟合结果

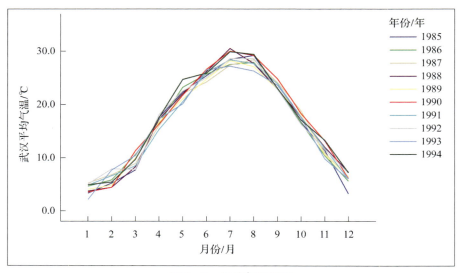

图 2 – 3　平均气温线图

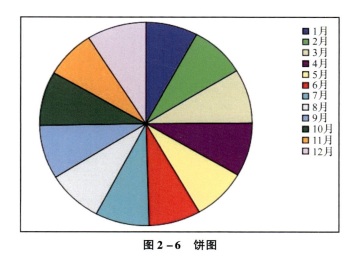

图 2 – 6　饼图